MIROIR DES VERTUS

DE LA

RÉVÉRENDE MÈRE

MARIE DE S^{TE} EUPHRASIE PELLETIER

FONDATRICE DE LA CONGRÉGATION

De Notre-Dame-de-Charité du Bon-Pasteur

D'ANGERS

Écrit en espagnol par quelques-unes de ses Filles du Chili et traduit
en français.

ANGERS

IMPRIMERIE LACHÈSE ET DOLBEAU

4, rue Chaussée-Saint-Pierre, 4

1886

A Notre Très Honorée Mère **MARIE DE SAINT PIERRE DE COUDENHOVE**, deuxième Supérieure Générale de la Congrégation de Notre-Dame de Charité du Bon-Pasteur d'Angers.

TRÈS HONORÉE MÈRE GÉNÉRALE,

Comme tribut de notre inviolable attachement à notre Sainte Congrégation, nous venons déposer entre vos mains, ces quelques pages extraites des souvenirs que nous gardons de Notre Vénérée Mère fondatrice Marie de Sainte Euphrasie Pelletier, et du livre de ses Instructions que nous devons à votre zèle pour conserver intacts l'esprit et les enseignements de celle que Dieu choisit entre mille pour établir, par toute la terre, les asiles de ses miséricordes pour le salut des âmes.

Aussitôt que nous reçûmes ces Instructions, nous nous empressâmes de les traduire dans la langue de Sainte Thérèse, pour que toutes vos filles de la race espagnole, si nombreuses déjà, pussent nourrir leurs âmes de l'essence même de notre vocation et qu'en le lisant, chacune bénisse avec le nom de Notre Vénérée Mère fondatrice, celui de celle à qui nous devons d'être en possession de ce trésor d'inappréciable valeur. Ce livre n'étant destiné qu'à la famille religieuse, cédant aux désirs de nos Illustres Prélats, nous fîmes également imprimer en espagnol ces quelques pages intitulées : « Miroir des vertus de la Révérende Mère MARIE DE SAINTE-EUPHRASIE PELLETIER, fondatrice de la Congrégation de Notre-Dame-de-Charité du Bon-Pasteur d'Angers. »

Plusieurs des Supérieures venues à la Maison Mère pour le Chapitre Général, nous ayant priées de traduire en français ce petit volume écrit en espagnol ; pour les satisfaire et dans l'espoir qu'il pourra contribuer à faire glorifier la mémoire de Notre Vénérée Mère fondatrice, nous avons entrepris ce travail, bien au-dessous sans doute du mérite de celle qui en est l'objet. Nous vous l'offrons, aujourd'hui, bien aimée Mère Générale, enrichi de quelques lettres de Notre Vénérée Mère Fondatrice.

Le Chili est redevable envers Notre Très Vénérée Mère fondatrice, d'une dette immense de reconnaissance ; il a, de plus, obtenu par son intercession près de Dieu plusieurs grâces signalées : en premier lieu, le développement si rapide des œuvres de Notre Congrégation qui, de là, s'étendent jusqu'à la République Argentine et à l'Orientale, développement qui avait été prédit par elle-même ; puis la guérison de quelques personnes gravement malades ; des secours spirituels et temporels et, surtout, de nombreuses conversions. Nous redirons donc que le plus ardent des vœux que nous adressons aux Sacrés Cœurs de Jésus et de Marie, c'est de la voir proclamée par Notre Mère la Sainte Eglise, digne du culte qu'Elle rend aux Saints ; alors, seulement, seront satisfaits notre amour et notre

reconnaissance. Et Dieu Lui-même n'aura-t-Il
pas hâte de glorifier cette épouse fidèle qui ne
vécut que pour l'aimer et lui gagner des
âmes ?

Daigne le Ciel exaucer nos prières et conserver celle qui, comme Pierre ferme et assistée
de l'esprit de Sagesse, de lumière et de force
dont Dieu avait comblé Notre Vénérée Mère
fondatrice, non seulement soutient l'Institut, mais continue à l'accroître et à l'embellir par de nouveaux bercails et de nombreux
troupeaux.

Vos filles de la Province Chilienne.

DIEU SOIT BÉNI !

Angers, imprimerie Lachèse et Dolbeau

MIROIR DES VERTUS

DE LA RÉVÉRENDE MÈRE

MARIE DE SAINTE EUPHRASIE PELLETIER

MIROIR DES VERTUS

DE LA

RÉVÉRENDE MÈRE

MARIE DE Sᵗᵉ EUPHRASIE PELLETIER

FONDATRICE DE LA CONGRÉGATION

De Notre-Dame-de-Charité du Bon-Pasteur

D'ANGERS

Écrit en espagnol par quelques-unes de ses Filles du Chili et traduit
en français.

ANGERS

IMPRIMERIE LACHÈSE ET DOLBEAU

4, rue Chaussée-Saint-Pierre, 4

1886

Permis d'imprimer la traduction française de l'ouvrage
espagnol : Espiritu de la Madre Maria de Santa Euphrasia
Pelletier, Esprit de la Mère Marie de Sainte Euphrasie
Pelletier.

Angers, le 21 octobre 1886

F. CHESNEAU

Vicaire général.

MAISON-MÈRE DU BON-PASTEUR

⁓⁓⁓⁓⁓

Angers, 12 juin 1886

Très Honorée Mère Générale,

Nous soussignées, Provinciales et Supérieures de la Congrégation, réunies à notre Maison-Mère d'Angers pour le Chapitre général, ne formant toutes qu'un cœur et qu'une âme par notre très humble et sincère soumission envers vous que nous avons eu le bonheur de proclamer, pour la quatrième fois, notre Mère et Supérieure Générale, nous venons vous demander de vouloir bien adresser à Notre Très Saint Père le Pape une supplique pour que Sa Sainteté daigne permettre l'introduction de la cause de notre vertueuse Mère Fondatrice, Marie de Sainte Euphrasie Pelletier ; beaucoup d'entre nous ayant été les heureux témoins des héroïques vertus qu'elle a pratiquées pendant son gouvernement, et ayant ressenti les effets de sa puissante et continuelle protection ; de plus, ayant obtenu par son intercession plusieurs grâces signalées, dont trois ont été attestées devant l'autorité ecclésiastique, nous espérons que la Sainte Église la jugera digne de la glorifier.

Nous devons ajouter que ce désir est aussi celui de plusieurs Illustres Prélats, de pieux ecclésiastiques, des Communautés de divers Ordres et d'un grand nombre de personnes de haute piété qui admirent les œuvres de notre Mère MARIE DE SAINTE EUPHRASIE PELLETIER, laquelle fonda cent dix Monastères dans les cinq parties du monde et dont toute la vie se consuma dans l'exercice de la plus sublime charité.

Vos très humbles Filles et Servantes en Notre Seigneur,

Sœur Marie de Saint-Gabriel Chaffaux, provinciale de France.
Sœur Marie du Sauveur Schaefers, provinciale de Rome.
Sœur Marie du Cœur de Marie Tourville, provinciale de Saint Louis (Amérique).
Sœur Marie Augustin de Jésus Fernandez Concha, supérieure provinciale à Santiago (Chili).
Sœur Marie de la Compassion Bartley, supérieure provinciale à Limerick (Irlande).
Sœur Marie de Sainte-Mathilde Naville, provinciale du Caire (Egypte).
Sœur Marie de Saint-Lambert Bouchy, provinciale de Munster (Prusse).
Sœur Marie de Saint-Joseph Parrish, provinciale d'Angleterre.
Sœur Marie de Saint-Joseph David, provinciale de Cincinnati (Amérique).
Sœur Marie de Saint-Alphonse de Liguori Cadotte, provinciale de Montréal (Canada).

Sœur Marie de Saint-Ignace Murray, provinciale de Philadelphie (Amérique).
Sœur Mary of Saint-Anselme Wells, provinciale of Louisville (America).
Sœur Marie de la Visitation Leusch, supérieure de Bangalore (Indes-Orientales).
Sœur Marie de la Sainte-Enfance Klein, supérieure d'Arras.
Sœur Marie de Saint-Jean l'Evangeliste Petz, supérieure de Nice.
Sœur Marie de l'Annonciation Desgranges, supérieure à Ecully,
Sœur Marie de Sainte-Marine Verger, supérieure à Perpignan.
Sœur Marie de Saint-Irénée Gonther, supérieure de Nancy.
Sœur Marie de Sainte-Thérésia Heins, supérieure de Strasbourg.
Sœur Marie de Jésus Bruning, supérieure à Grenoble.
Sœur Marie de l'Epiphanie Cuny, supérieure à Amiens.
Sœur Marie de Saint-Olympiade Dahme, supérieure de Pau.
Sœur Marie de Saint-Alexis Barbery, supérieure de Poitiers.
Sœur Marie des Archanges Annoite, supérieure de Lille.
Sœur Marie Ignace de Jésus Doetzlhofer, supérieure de Baumgartenberg.
Sœur Marie de Sainte-Eulalie Gras, supérieure de Viterbe.
Sœur Marie de Sainte-Colombe Metz, supérieure à Moulins.
Sœur Marie de Saint-René Boucheron, supérieure à Angoulême.
Sœur Marie du Sauveur Elfen, supérieure de Cologne.
Sœur Marie de Sainte-Thérèse Letocart, supérieure à San Filipe (Chili).
Sœur Marie de Saint-Elie Lebrun, supérieure à Avignon.
Sœur Marie de l'Enfant Jésus Auburtin, supérieure à Metz.
Sister Mary of S.-Bernard Flinn, supérieure à Saint-Paul (U. S. America).
Sister Mary Magdalen of Jesus, supérieure à Belfast (Irlande).

Sister Mary Magdalen of Jesus, supérieure à New-Ross
(Irlande).

Sister Mary of S.-Philip Neri Alleguen, supérieure à Liver-
pool.

Sister Mary of Our Lady of Lourdes Counsellor, supérieure
à Manchester.

Sister Mary of S.-Wereburgh Maguire, supérieure à Cardiff
(Angleterre).

Sister Mary of S.-Gertrude Molloy, supérieure à Columbus
(America).

Sister Mary of Loretto O'Brien, supérieure à Brooklyn
(America).

Sister Mary of Mount Carmel Elder, supérieure à Memphis
(America).

Sister Mary of the Holy Cross Mc Cabe, supérieure de
Normandy (America).

Sister Mary of S.-John Baptist Jackson, supérieure de
Cleveland (O. America).

Sister Mary of S.-Ursule Shaw, supérieure à Indianapolis,
Indiana (America).

Sister Mary of S.-Ignatius Lalor, supérieure à Aden
(Arabie).

Sister Mary of S.-Rosalie Cleary, supérieure de Colombo,
Isle de Ceylan.

Sister Mary of S.-Fransis Patrick Doherty, supérieure de
Detroit (U. S. America).

Sister Mary of S.-Philomena Johnson, supérieure de West-
Philadelphia (America).

Sœur Marie de l'Ange Gardien Lewis, supérieure de
Denver, Col. (U. S. Amérique).

Sœur Marie de Sainte-Mathilde Dolbois, supérieure à
Saint-Omer.

Sœur Marie Ignace de Jésus Sommer, supérieure de Lou-
vain.

Sœur Marie de Saint-Jules, supérieure du Puy.

Sœur Marie de Lorette Schipp, supérieure de Bourges.

Sœur Marie de Saint-Charles Jenny, supérieure d'El-Biar,
près Alger (Afrique).

Sœur Marie de Sainte-Hélène Larivière, supérieure de
Montréal, Rue-Fullum.

Sœur Marie de Sainte-Estelle Xambeu, supérieure de
Suez (Egypte).
Sœur Marie de Sainte-Euphrasie Lemaire, supérieure
d'Arles.
Sœur Marie Lorette Bernard, supérieure de Bastia.
Sœur Marie de Sainte-Anne Sellier, supérieure de Mons
(Belgique).
Sœur Marie de Saint-Denis Kloten, supérieure à Altstaetten
(Suisse).
Sœur Marie du Saint-Esprit Dumon, supérieure de Con-
flans, Paris.
Sœur Marie de Saint-Mathias Henry, supérieure de Cham-
béry.
Sœur Marie de Saint-Adolphe Petry, supérieure de Mes-
sine.
Sister Mary Eudes Fitzsimmons, supérieure à Newark, New-
Jersey.
Sœur Marie de l'Enfant-Jésus Bourbonnière, assistante à
New-York.
Sister Mary of S.-Martin of Jesus Doyle, supérieure à Louis-
ville (America).
Sister Mary of S.-Gertrude O'Brien, supérieure à Cincinnati,
Ohio (Amérique).
Sœur Marie Euphrasie de Marie Henry, supérieure de
Troyes.
Sœur Marie de Saint-François de Sales Lambert, supérieure
de Cambrai.
Sœur Marie du Cœur de Jésus de Landsberg, supérieure
de Barcelone.
Sœur Marie de Sainte-Berthe Duthoit, supérieure de Sens.
Sœur Marie de Sainte-Philomène Biancardi, supérieure de
Malte.
Sister Mary of S.-Aloysius Charlton, supérieure of Boston,
Mass.
Sister Mary of S.-Magdalen of Jesus Crilly, supérieure of
Waterford (Irlande).
Suor Maria di S.-Bernardo Scarzelli, superiora di Torino.
Sœur Marie de Sainte-Philomène Sonnhalder, supérieure
de Loos.

Sœur Marie de l'Immaculée Conception Mortelmans, supérieure de Schaerbeck (Belgique).

Sœur Maria di Betlemme Guizzardi, superiora à Bologna.

Sœur Marie de Sainte-Elisabeth Vial, supérieure à Naples.

Sœur Marie de Saint-François Xavier Fitzpatrick, supérieure d'Oporto.

Sœur Marie de Sainte-Geneviève Benso, supérieure de Portici.

Suor Maria di S.-Luigi Gonzaga Poggi, superiora à Reggio nell'Emilia.

Sœur Marie de la Visitation Morselli, supérieure de Modène.

Sœur Marie de Sainte-Thérèse Hœvel, supérieure d'Aix-la-Chapelle.

Sœur Marie de Sainte-Eugénie Quant, supérieure de Harlem (Hollande).

Sœur Marie de Saint-Joseph O'Leary, supérieure de Baltimore (America).

Sœur Marie Immaculata O'Grady, supérieure de Troy (Amérique).

Sœur Marie de Sainte-Christine Lueckrath, supérieure de Cholet.

Sœur Marie de Sainte-Joséphine Meunier, supérieure d'Orléans.

Sœur Marie de Sainte-Rosalie Meunier, supérieure d'Annonay.

Sœur Marie de Bethléem Rose, supérieure de Namur.

Sœur Marie des Victoires Paulli, supérieure de Lyon

Stœur Marie de Sainte-Philothée, supérieure de Saint-Florent.

Sister Mary of S.-Angelique Cleary, supérieure of Chicago.

Sœur Marie Rose de Jésus de la Carrera, supérieure à Conception (Chili).

MIROIR DES VERTUS

DE LA RÉVÉRENDE MÈRE

MARIE DE Ste EUPHRASIE PELLETIER

FONDATRICE DE LA CONGRÉGATION

De Notre-Dame-de-Charité du Bon-Pasteur

D'ANGERS

CHAPITRE PREMIER

Sa Foi

§ I

Parmi les vertus, qui ornaient l'âme de notre Vénérée Mère Fondatrice Marie de Sainte-Euphrasie Pelletier, brillaient avec splendeur les théologales. Sa foi était ardente, ainsi que le manifestaient ses paroles et ses œuvres. Elle n'eut pas plus tôt obtenu que le Saint-Siège érigeât l'Institut en Généralat, que sa première supplique fut que les Constitutions fussent rédigées et imprimées à Rome, sous la dépendance absolue de l'Éminentissime Cardinal Odescalchi, Vicaire de Sa Sainteté et Protecteur de la Congrégation.

Par cet acte de foi et de soumission à l'Église, elle commença sa prodigieuse mission de fonder cent dix Monastères de son Institut, dont la fin propre et distinctive est de travailler au salut des âmes, particulièrement des plus abandonnées, en les instruisant et affermissant dans la foi.

La plupart de ces maisons se fondèrent dans un tel dénûment de ressources et de tout appui humain, qu'on peut dire qu'elles n'eurent d'autre fondement que sa foi en la Divine Providence. En envoyant ses filles dans les missions elle leur disait : « Je n'ai ni or, ni argent, mais ce que j'ai, je vous le donne : au nom du Bon-Pasteur, levez-vous et marchez, sûres que vous étendrez son empire. » Un de ses biographes ajoute « et ses filles se levaient, l'âme remplie de la foi de leur Mère et le cœur embrasé de sa charité, et elles allaient, et elles étendaient l'empire de Jésus-Christ sur les âmes. »

Le Souverain Pontife Grégoire XVI ayant

résolu d'établir à Rome une maison du Bon
Pasteur, l'Éminentissime Cardinal Odescalchi
le manifesta à notre Mère Fondatrice, lui disant
que ce désir méritait d'être porté tous les jours
à l'autel pour obtenir son accomplissement.
Pour fonder cette maison, elle arriva à Rome le
14 juin 1838 ; aussitôt qu'elle entra dans la
sainte Cité, transportée par l'ardente impulsion
de sa foi, cette fille si dévouée à l'Église, s'incli-
nant jusqu'à terre, et se prosternant, les yeux
baignés de larmes de reconnaissance et le cœur
débordant de la plus tendre dévotion, baisa
avec révérence ce sol à jamais béni.

§ II

Continuellement on l'entendait répéter ces
paroles de l'Apôtre : « Le Juste vit de la foi. »
Qui la voyait prier, assister au Divin Sacrifice,
recevoir la sainte communion, restait pénétré
de dévotion. Dans le Saint Sacrement elle cherchait toujours sa lumière et sa force, et servait
ainsi d'enseignement à ses filles, autant par ses
paroles que par ses exemples. « Notre Institut,
disait-elle, est un Institut de foi et d'amour. La
foi est un don de Dieu, la foi est la racine et le
fondement de toutes les vertus. Une religieuse

qui a une foi vive, voit Dieu en tout et partout.
Si toutes nos actions étaient faites en esprit de
foi, elles seraient toutes méritoires et nous
seraient imputées à justice et à sanctification.
C'est l'esprit de foi qui donne le mouvement à
tout dans la vie spirituelle ; il est impossible
que nos bonnes actions aient toute la perfection
qu'elles doivent avoir, si elles ne sont pas animées de l'esprit de foi. Ayez donc cette foi qui
vous fera aimer toujours davantage votre vocation et marcher avec courage dans les voies de
Dieu. »

§ III

Une de ses recommandations les plus fré-
quentes, c'était celle d'instruire solidement les
enfants dans les vérités de la Religion, et elle
répétait à ses filles : « Fortifiez la foi dans les
âmes confiées à vos soins ; ne cessez pas de travailler à leur inculquer la loi sainte du Seigneur ; soyez très exactes à leur enseigner le
Catéchisme, vous mettant à la portée de chacune, pour que, comprenant bien les vérités de
notre sainte Religion, elles ne soient pas si facilement exposées à se perdre. Notre vocation,
mes chères filles, ayant pour fin de réformer les

mœurs et d'affermir les âmes dans la foi, chacune a l'obligation de travailler à se fortifier dans les croyances de l'Église Catholique, s'instruisant bien à fond des vérités de notre sainte Religion, pour ne pas s'exposer au péril de se perdre ni de laisser périr les âmes, faute d'instruction en la doctrine qu'elles doivent professer. Pensons que toute notre vie doit être consacrée à la propagation de la foi sainte, et à la sanctification des âmes. Pour former les cœurs il faut les instruire : ainsi nous devons éclairer notre esprit par l'étude des vérités de la Religion, conservant intactes, dans le plus intime de nos âmes, les racines profondes de nos convictions catholiques, afin de les transmettre aux âmes qui nous sont confiées, leur donnant ainsi un guide qui les accompagne partout, et un ver rongeur qui les tourmente si elles avaient le malheur d'offenser Dieu. Le grand moyen de travailler avec fruit au salut des âmes, c'est de les instruire des grandes vérités de la foi, tâchant de les leur imprimer fortement dans le cœur en leur enseignant le catéchisme, en leur expliquant les maximes de l'Évangile, unique chemin qui conduit à la sainteté. Pour arriver à être bonnes maîtresses de classe, consacrez-vous à l'étude de la Religion ; je ne saurais trop vous recommander l'étude du catéchisme, ce livre que nous devrions avoir

toujours entre les mains. Aussi longue que soit
votre vie, vous aurez toujours besoin de cette
doctrine, tant pour vous-mêmes que pour l'enseigner aux autres. Lisez fréquemment l'Histoire Sainte et l'Histoire de l'Église. Ne lisez
pas de livres non approuvés, et ne permettez
pas que les pénitentes ni les enfants les lisent. »

Et à son tour, vigilante sentinelle d'Israël,
elle eut soin que les Bréviaires qui devaient
servir aux religieuses de sa Congrégation fussent
approuvés et imprimés à Rome; en les envoyant
aux diverses maisons, elle adressa à ses filles
une circulaire commençant par ces paroles :
« Ils sont nos Pères et nos Maîtres dans la Foi. »

En d'autres circonstances, elle leur disait :
« Ne négligez rien pour votre instruction religieuse; souvenez-vous que le saint Évangile
dit : « Si un aveugle conduit un autre aveugle,
« ils tomberont tous deux dans l'abîme. » (Saint
Mathieu, chap. xv, v. 14.) Rien de plus dan-
gereux que l'ignorance. Où pourra-t-on trouver
une personne plus insensée que celle qui ne
connaît pas la vraie Religion? Accompagnons
toujours notre étude de profonds sentiments
d'humilité, qui empêchent notre courte vue de
prétendre sonder les secrets impénétrables de
la sagesse infinie de Dieu, parce que celui qui
veut s'élever au-dessus de lui-même sur les ailes
de l'orgueil pour scruter les mystères de la foi,

tombe malheureusement dans l'abîme de l'er-
reur, témoin Tertullien et Origène, à qui peuvent s'appliquer les paroles suivantes : « Ne
« prétendons pas scruter les divins mystères de
« la foi, parce qu'ils sont supérieurs à la capa-
« cité de notre intelligence. » Qui veut savoir
trop arrive à ne rien savoir, et au lieu de
devenir savant, il devient insensé, à cause de sa
présomption et de son orgueil.

« Soyez en garde contre toute nouveauté dans
l'enseignement de la morale et de la religion.
Que les Supérieures veillent avec grand soin,
pour que le venin des fausses doctrines ne s'in-
sinue pas dans leur communauté. Saint Paul
nous prévient contre les nouvelles et fausses
doctrines en disant : « Ne nous laissons pas
« emporter comme des enfants faibles et dé-
« biles à tout vent de doctrine nouvelle des
« hommes. » (Éphèse, chap. IV, v. 14.) Ne lais-
sez jamais se débiliter votre foi ; instruisez-
vous, mes chères filles, lisez et relisez les Épîtres
et les Évangiles. Restez toujours fidèles à la
doctrine de l'Église Catholique. Les sectateurs
du démon savent faire beaucoup pour perdre
les âmes ; il est donc très essentiel que nous
soyons prudentes et instruites pour nous
défendre de ses artifices. C'est de la doctrine de
Jésus-Christ seulement que vous pouvez espérer
pour vous et pour le prochain la lumière, la

justice et la sainteté. — Parlez toujours entre vous de la sainte Église, afin de vous maintenir dans l'amour et dans la soumission que nous lui devons tous. Parlez d'elle constamment aux enfants des différentes classes pour la leur faire connaître de plus en plus, pour que leur adhésion pour elle se fortifie, pour réveiller et soutenir leur foi. Que les religieuses chargées de faire le catéchisme aux enfants ne négligent pas d'annoncer les fêtes, leur en expliquant la signification, afin qu'elles s'habituent à entrer dans l'esprit de l'Église, et qu'elles leur fassent considérer la miséricorde du Seigneur qui les a éclairées de la lumière de l'Évangile.

« Je voudrais ne cesser jamais de parler de l'Église notre Mère, de l'amour qui lui est dû et de l'obligation que tous nous avons de prier incessamment pour elle. Aucune Congrégation religieuse n'est aussi obligée que la nôtre à lui être plus unie, parce qu'aucune n'a si grand besoin de sa protection et de son appui. Restons lui donc toujours fermement et étroitement unies, pour qu'en toutes circonstances elle puisse nous reconnaître comme une mère reconnaît ses filles soumises et dévouées. — En arrivant dans les fondations, pensez qu'étant filles de l'Église, vous êtes envoyées par elle et, animées de cette foi, travaillez comme les apôtres à la conversion des âmes. — L'Église est le na vire qui garde le trésor de notre foi et de notre espérance. Jésus-Christ même en est le pilote et Il la conduit : Elle est toujours persécutée, mais toujours elle reste victorieuse. Prions donc, prions sans cesse pour cette Église que vous aimez tant. Ne craignons pas de nous sacrifier, ni de nous immoler, pour que ses conquêtes se multiplient et pour que la splendeur de sa beauté se manifeste toujours davantage.

« Notre Institut jouit des bénédictions et de la protection de l'Église; son chef est à double titre notre premier Supérieur. Et savez-vous d'où provient la protection spéciale de Dieu sur nous, et pourquoi notre Congrégation s'étend dans toutes les nations? Je répéterai ce que j'ai déjà dit : cela provient de notre adhésion à l'Église. Oh ! que j'aime la Sainte Église, notre Mère et notre Maîtresse ! Combien je me console en pensant que notre Congrégation travaille à son exaltation ! Tout passera, mais l'Église Catholique, Apostolique et Romaine ne passera jamais. Quand le Souverain Pontife a des peines, je ne vis pas. La Sainte Église et le Souverain Pontife, voilà le commencement et la fin de toutes mes paroles. »

§ IV

Dans l'exercice de sa vie apostolique, elle convertit des pécheresses endurcies et affermit dans la foi des âmes nouvellement converties au catholicisme.

Cette foi vive et constante l'accompagna jusqu'à la mort, et avant de recevoir le Saint Viatique, elle s'écria, en présence de la Communauté : « Je déclare que je meurs fille de l'Église Catholique, Apostolique et Romaine. » Et après son action de grâces, elle ajouta : « Mes filles, je vous recommande surtout l'adhésion à la Sainte Église. »

CHAPITRE II

Son Espérance

§ I.

De cette foi si pure, si ferme, si profondément enracinée dans l'âme de notre Vénérée Mère Marie de Sainte Euphrasie Pelletier, jaillissait, comme de source limpide, cette espérance en Dieu que rien ne put ébranler et qui la soutint dans l'accomplissement de son héroïque mission.

Dans les œuvres de sa vocation de travailler au salut des âmes égarées, elle en soutint beaucoup que le souvenir de leurs grands égarements submergeait en de fortes tentations de désespoir et en de terribles combats, leur rappelant les grandes miséricordes du Seigneur et les mérites infinis de sa Passion et de sa Sainte Mort, obtenant ainsi par ce moyen de ranimer dans ces âmes l'espérance chrétienne et de les y maintenir jusqu'au dernier soupir.

§ II

Et sur quel appui compta cette servante du Seigneur pour les grandes œuvres qu'elle réalisa? Uniquement sur celui de l'espérance chrétienne. Elle-même nous le dit, en expressions pleines d'onction : « N'espérez d'autre secours que celui de Dieu seul, parce que tout ce qu'on espère de l'homme est vain. » — « Toute ma force est dans le silence et dans l'espérance. » — « J'ai souffert, mais le Seigneur m'a fortifiée, et considérant ses miséricordes, mon âme a recouvré une nouvelle vigueur. » — « Il est nécessaire que nous nous habituions à vivre pour Dieu seul et à n'attendre que de Lui seul notre récompense. » — « Voici ce que le Seigneur me dit : Attends, tais-toi, souffre et espère ; voilà dix ans que j'entends cela dans l'oraison. » — « Notre Institut n'est pas l'œuvre des hommes, c'est une œuvre divine ; les desseins adorables de la Providence s'accompliront infailliblement. » — « Quels que soient les efforts de l'enfer, Dieu triomphera en tout temps. »

« Il y a une Providence toute particulière pour les maisons du Bon-Pasteur ; souvent elles semblent se trouver sans ressources ; mais jamais il ne leur a manqué le nécessaire ; d'une manière ou d'une autre Dieu les secourt toujours. Dans cette maison d'Angers, il faut chaque année des sommes considérables et sans avoir ni fonds ni revenus, tous les ans, la Divine Providence nous les envoie. Il faut le reconnaître, notre Congrégation n'est que Providence et miracle sans interruption. Soyez donc tranquilles, mes chères filles, continuez à soigner avec zèle et amour les brebis et les agneaux du Divin Pasteur, servez-les avec fidélité, et soyez sûres qu'Il ne laissera pas de pourvoir paternellement à toutes nos nécessités. »

Mme la comtesse Geneviève d'Andigné, amie intime de notre Vénérée Mère Fondatrice et témoin de ses tâches apostoliques, aimait à la nommer : « La Mère de l'espérance. »

« Au moment du combat, disait-elle, nous devons toujours espérer du Seigneur la grâce nécessaire, et pour qu'Il nous l'accorde, soyons ferventes, ne le servons pas avec tiédeur. Allez donc au combat avec confiance, allez et vous ne serez pas vaincues par votre adversaire. Mais si par votre découragement une seule maison manquait sa fondation, les âmes qui auraient pu s'y sauver crieraient vengeance contre vous. Craignez beaucoup vos misères, vos faiblesses ; mais que votre confiance en Dieu ne défaille jamais, qu'elle soit illimitée. Il sera avec vous, n'en doutez pas : « Ceux qui espèrent dans le « Seigneur, dit le prophète Isaïe, non seulement « voleront comme des aigles, mais ils courront « sans se fatiguer. » Quelque grandes que soient les difficultés que vous aurez à vaincre, quelque dures et poignantes que soient les peines que vous aurez à supporter, ne vous découragez jamais, de peur que votre manque de confiance ne vous rende indignes des secours du Seigneur. » Elle fortifiait ainsi l'âme de ses filles par la sublime espérance, et leur tenait les yeux fixés sur la montagne.

Dans les derniers jours de sa vie, elle consolait ses filles en leur disant : « Soyez tranquilles, moi, je vais vers Dieu ; de là, je vous aiderai mieux que sur la terre. »

CHAPITRE III

Sa Charité

§ I

L'amour de Dieu sur toutes choses et l'amour du prochain en Dieu et pour Dieu, furent dans l'âme de Notre Vénérée Mère Fondatrice le soleil qui, remplissant toutes ses puissances, l'embellissait de ses splendides rayons, et communiquait à sa volonté ce zèle aussi ardent que prodigieux, qui lui fit étendre dans les cinq parties du monde la gloire de Dieu et les œuvres du salut des âmes.

Dès son enfance, jaillissaient déjà les étincelles de la Mission que le Ciel lui destinait. Etant élève au pensionnat des vertueuses religieuses Ursulines de Tours, et voyant quelques pensionnaires mal disposées, la jeune Rose Virginie Pelletier conçut tant de peine de ces offenses contre Dieu, qu'elle chercha deux élèves qui lui aidassent à obtenir du Saint Esprit les lumières et les grâces nécessaires pour que ses compagnes changeassent de conduite, faisant à cette fin un triduum avant la fête de la Pentecôte. Sa prière fut si efficace que, dès ce jour, l'esprit de piété se répandit sur toutes, même sur les indociles, en qui l'on remarqua un changement surprenant.

Cette flamme d'amour croissant en son cœur, elle sort un jour du pensionnat, comme une autre Thérèse de la maison paternelle, non à la recherche du martyre, mais à la recherche d'âmes à conquérir pour Dieu, et elle va solliciter son entrée comme postulante, au Monastère de Notre-Dame de Charité du Refuge à Tours, quand à peine elle comptait dix-huit ans, pour y travailler à la conversion des âmes égarées. Là, elle trouva un martyre d'autant plus douloureux qu'il comprimait le zèle ardent qui était à son âme ce que la respiration est à la vie.

La grande révolution française, qui s'était proposé d'anéantir tout ce qui est saint, supprima aussi les Monastères de Notre-Dame de Charité du Refuge. Après la tourmente révolutionnaire, les Religieuses du Monastère de Tours qui survécurent à cette calamité, profitant peu à peu des circonstances favorables, se reconstituèrent en Communauté; elles avaient été dépouillées de tous leurs biens; elles vivaient à l'étroit, et ne pouvaient, par conséquent, donner asile qu'à un nombre très restreint de pénitentes, elles n'en avaient pas même quarante.

En prenant l'habit, le 8 septembre 1815, la jeune postulante reçut le nom de Sœur Marie de Sainte Euphrasie ; le 9 septembre 1817, elle prononça ses vœux et fut chargée bientôt après de la direction de la classe des pénitentes ; cette tâche, quoique bien supérieure à son âge et à son expérience, était pourtant bien inférieure à son zèle, dévorée comme elle l'était du désir que toutes les âmes vécussent seulement pour Dieu, le servant en toute justice et sainteté.

Peu d'années après, elle fut élue supérieure de cette même Communauté, à l'unanimité des suffrages ; elle n'avait pas encore l'âge requis pour cette charge par les canons de l'Église, mais on la dispensa en considération de ses vertus et de son mérite. Une fois supérieure, son zèle put se déployer : elle accueillit un plus grand nombre de pénitentes, et créa pour les âmes repenties qui désirent se consacrer à Dieu par les vœux religieux, la Communauté des Sœurs Madeleines, projet qui la préoccupait depuis plusieurs années. La charité est vraiment créatrice, elle seule put inspirer à Notre Vénérée Mère Marie de Sainte Euphrasie de multiplier la génération de l'illustre pénitente de l'Evangile, de la fidèle amante du Divin Maître. Et quand, plus tard, s'ouvrira à son zèle un champ plus vaste, elle étendra cette génération jusqu'aux confins du monde.

§ II

En l'année 1829, elle est appelée à fonder une maison de Notre-Dame de Charité du Refuge à Angers ; elle avait alors trente-trois ans ; à la fondation de la Maison d'Angers, suivirent celles de Poitiers, Grenoble et Metz. Six ans après, en 1835, la Sainte Eglise érigeant à ses instances le Généralat, délie les ailes de sa charité, et lui accorde le monde entier pour orbite de son zèle. Dès lors, telle qu'un Océan sans rivages, sa charité déborde sur toutes la nations, sur les pays les plus lointains, et jusque sur les tribus errantes de l'Ethiopie, de la Nubie, et de l'Abyssinie.

Une des flammes de la Charité, c'est l'amour communicatif ; du cœur embrasé de Notre Vénérée Mère Fondatrice, sortent ces paroles de feu divin qu'elle adresse à ses filles : « Maintenant, que nous avons obtenu la grâce que notre Institut soit érigé en Généralat, avec toutes les bénédictions du Chef de l'Eglise, digne successeur de saint Pierre, qui désire voir se multiplier nos établissements dans tout l'univers, vous irez établir vos tentes d'un bout de la terre à l'autre. Une ville, une fondation, ne doivent pas suffire à votre zèle ; il faut qu'il embrasse le monde entier.

« Saint Paul disait : « Je ne suis ni Grec, ni « Romain, je suis de tous les pays. » Et saint François Xavier disait aussi : « Je ne suis pas « seulement Espagnol, mais je suis Indien, « Chinois, Japonais ; je suis enfin de tous les « lieux où j'ai le bonheur de prêcher l'Evan- « gile. » Voilà, mes bien-aimées filles, quels doivent être vos sentiments. C'est dans ces dispositions que doit vivre une âme selon l'Institut. Il faut que nous nous réveillions, que nous nous mettions en marche. Puisque nous sommes toutes des pasteurs ou, si vous préférez, des bergères, il ne faut pas qu'un petit bout de terre nous tienne attachées. Quant à moi, je ne veux plus qu'on dise que je suis Française. Je suis Italienne, Anglaise, Allemande, Espagnole, Américaine, Africaine, Indienne, etc., je suis de tous les pays où il y a des âmes à sauver. Il ne faut pas craindre de porter nos tentes sur des rivages lointains, quand nous voyons que, là aussi, il y a des brebis à ramener au bercail. Brebis de l'Italie, de la Bavière, de toutes les parties de l'Europe, brebis de l'Amérique, de l'Afrique, de l'Asie, de l'Océanie, il faut les rechercher toutes. Plus vous vous empresserez de courir à l'appel, plus grandes aussi seront vos conquêtes. »

Sous l'impulsion de ce divin amour, elle envoie à Londres, en 1840, quelques-unes de ses filles, chercher où poser le pied pour abriter les brebis égarées du Bon-Pasteur ; là, elles arrivent sans être connues, et sans autre approvisionnement que leur amour pour Dieu et la soif de lui gagner des âmes : c'est ainsi, et à force de sacrifices et d'un martyre prolongé, que se planta cette branche qui a produit des fruits si beaux. L'amour fort comme la mort réalisa ce prodige.

Quand notre vénérée Mère Fondatrice put visiter cette maison, en 1844, entrant dans une Eglise Catholique et n'y voyant pas de lampe, elle cherchait, avec anxiété, le tabernacle de son Dieu dans la Sainte Eucharistie ; conduite à la sacristie et y trouvant la petite lampe qui indiquait l'endroit où était caché le Saint Sacrement elle se prosterna et promit au Seigneur de lui élever des temples en Angleterre ; consolation qu'elle eut pendant sa vie.

« Je me sens consumée de zèle, disait-elle, quand je médite sur notre vocation ; parfois il me semble entendre de tendres petites voix de petites sauvagesses, qui me disent : « Ma Mère, ma Mère, venez nous sauver. »

Les négresses étaient l'objet spécial de sa charité ; elle avait fait le vœu de travailler pour elles. Toute jeune encore, en entendant parler du cruel traitement qu'elles avaient à subir, de l'odieux trafic des nègres, son cœur se brisait de douleur, et elle souhaitait ardemment pouvoir un jour remédier à tant de misères. Ce désir resta si vivement imprimé dans son esprit que lorsque, dans ses voyages, elle voyait parmi les troupeaux quelques brebis noires, elle disait en soupirant : « Oh ! heureux pasteur, tu as des brebis blanches et des brebis noires ! Moi, hélas ! j'en ai de blanches, mais les noires me manquent, et que d'années y a-t-il que je soupire pour elles ! » Enfin en 1843, son amour pour ces âmes fut en partie satisfait ; M. Olivieri, prêtre génevois, faisait des voyages en Afrique, où il achetait autant de négresses qu'il pouvait, et le Bon-Pasteur les recevait dans ses différentes maisons. Quand les premières arrivèrent à Angers, Notre Vénérée Mère Fondatrice, tressaillant de joie, disait à ses filles : « Oh ! comme nous allons les soigner ! Oh ! avec quel soin nous les instruirons ! Mon âme tressaille de joie, en pensant que les Ethiopiennes, les Nubiennes et celles de l'Abyssinie, recevront ici la robe blanche du baptême. Ah ! mes filles, quelle belle fête nous aurons quand l'eau régénératrice coulera sur le front de ces chères négresses ! Quelle consolation pour nous, quand ces âmes commenceront à ouvrir les yeux aux vérités de la foi ! Nous aurons part à la fête du ciel, à la joie de l'Eglise, si heureuse quand elle voit s'augmenter le nombre de ses enfants. Regardez quelle est sa tendresse pour tous ceux qui viennent à elle, avec quelle bonté elle accueille les infidèles quand ils se jettent dans ses bras ! Dernièrement quelques Japonais arrivèrent à Rome, le Pape ne voulut pas qu'ils fussent baptisés par un cardinal ; lui-même les baptisa de ses propres mains. Oh ! que nous sommes heureuses d'être dans le sein de l'Eglise et d'y être irrévocablement ! Ne cessons donc jamais, mes chères filles, de rendre grâce à Dieu pour cet inestimable bienfait. »

En cette même année 1843, s'implanta en Afrique, la première maison de la Congrégation et voici avec quelles paroles elle confortait ses filles, en les envoyant exercer la charité dans ces régions, « il y a plus de mil quatre cents ans, mes chères filles, que notre Père saint Augustin composa la règle que nous observons, et qui fait l'admiration de toute l'Eglise. Il y a des siècles, qu'aucun Ordre claustral n'a pénétré en Afrique ; depuis lors, on n'a pas entendu chanter là les offices sacrés ; il nous est donné à nous, de les faire revivre sur cette terre autrefois si célèbre. » A vous donc, mes chères filles, est réservée la plus belle part. Votre départ pour l'Afrique fait tressaillir nos cœurs d'allégresse. Lisez notre sainte Règle et voyez quelle onction renferme chaque ligne.

Remarquez seulement le premier chapitre : « Avant toutes choses, que Dieu soit aimé et ensuite le prochain. » L'amour que ce grand Saint avait pour Dieu était si grand ! Oh ! qu'il se réjouira maintenant de notre mission ! Je ne doute pas que ses puissantes prières n'aient contribué pour beaucoup à cette grande entreprise. Les peuples de ces contrées, quelque barbares qu'ils soient, aiment aujourd'hui encore la mémoire de ce grand Saint ; le souvenir de l'amour qu'il portait aux âmes s'est surtout conservé entre eux. Hippone a été détruite, mais le lieu où était le tombeau de saint Augustin est resté en vénération. Monseigneur Dupuch a fait construire à la même place une chapelle qui est un lieu de pèlerinage non seulement pour les catholiques, mais aussi pour les Arabes. Vous verrez ces lieux, mes chères filles, et aussi celui où saint Augustin composa le livre admirable de ses Confessions. Vous vous rappellerez alors ce quatrième siècle, dans lequel un si grand nombre de religieux militaient sous la Règle de ce Saint si célèbre. Je pensais hier au soir, et plus encore ce matin, que notre siècle allait faire revivre cette primitive ferveur de l'Église d'Afrique. Nous savons, mes chères filles, que vous serez bien accueillies en Algérie ; les Arabes et les Bédouins aiment le blanc ; votre costume religieux sera pour eux un objet de respect. Vous aurez beaucoup de pénitentes, beaucoup d'âmes à sauver. Monseigneur Dupuch, évêque d'Alger, qui nous y appelle, m'a communiqué que, célébrant la messe dans notre chapelle à l'autel de Sainte-Philomène, la Sainte lui avait dit que, dans notre Congrégation, il trouverait des vierges aptes aux œuvres qu'il désirait établir en Afrique. Ces paroles restèrent imprimées dans son esprit ; et, en vérité, la protection de sainte Philomène la conduit au but, malgré les efforts de l'enfer ; il n'a pas manqué non plus d'autres circonstances providentielles, même jusqu'à trouver l'argent pour le voyage ; mais si vous voulez, mes chères filles, obtenir toujours ces grâces insignes, observez en tout notre Sainte Règle ; chantez les offices comme le dispose notre directoire du chœur, et rappelez-vous ces paroles de saint Augustin : « Ne gâtez pas la beauté de vos chants par les faux tons de votre vie. » Soyez donc obéissantes, mes chères filles, souvenez-vous que quand vous fûtes nommées pour aller en Afrique, on vous a dit : « Filles de l'obéissance, filles de l'amour de Dieu, allez en Afrique, allez-y par amour et obéissance, et restez-y par obéissance et par amour. » Oh ! je vous en supplie, ne vous lassez pas de cette mission, quelles que soient les difficultés qu'elle vous présente. D'ailleurs, soyez sûres que l'Africain vous respectera et que le ciel vous bénira; mais une fois encore, soyez humbles, obéissantes et charitables à l'exemple de saint Augustin. »

La charité, comme nous l'avons dit, était la vie de notre Vénérée Mère Fondatrice. A peine le Bon-Pasteur a-t-il posé son pied en Afrique et, déjà en cette même année 1843, il le posera aussi dans l'Amérique du Nord et là, il s'étendra prodigieusement, conquérant des âmes à l'amour de Dieu, même entre les protestants, comme déjà il en conquérait en Angleterre et comme, peu après, il devait en conquérir aussi en Irlande, en Ecosse et dans toute l'Allemagne.

En septembre 1845, elle communiquait à ses filles, dans les termes suivants, la fondation de la maison d'Imola : « Grand sujet de joie va être pour vous, mes bien-aimées filles, la lecture de la lettre que nous avons reçue ce matin, et que je vais vous communiquer. Cette lettre nous est écrite par l'Eminentissime Cardinal Mastaï Ferretti, Archevêque d'Imola, pour nous donner des nouvelles de l'arrivée de nos chères Sœurs en cette ville. La voici traduite en français :

« Très Révérende Mère Générale,

« Votre Révérence doit déjà avoir reçu de ses chères filles les détails de leur heureuse arrivée à Imola, mais il convient que moi-même je l'informe de cet évènement, et qu'en même temps je lui exprime la grande consolation que j'ai éprouvée en me voyant enrichi de cette petite troupe de vierges sacrées, qui, dans peu de jours, entreprendra la mission de sauver tant de brebis perdues.

« Je suis certain qu'avec la grâce de Dieu, elles les conduiront au bercail du Prince des Pasteurs Jésus-Christ. Que louange en soit donnée éternellement au Seigneur des miséricordes. Je prie Votre Révérence, de recevoir aussi l'assurance de ma profonde gratitude.

« J'ai la consolation de les avoir près de moi, dans mon palais, j'ai bien raison de remercier le Seigneur, lui qui tient dans ses mains le cœur des hommes; il me semble qu'il a placé celui des filles de Votre Révérence dans son propre cœur.

« Je ne manquerai pas de les assister dans leurs besoins, et c'est avec ce désir que je suis heureux de vous assurer que je suis avec la plus profonde estime,

« De votre Maternité

« Le très affectionné serviteur,

« J.-M. Cardinal MASTAI, Archevêque.

« *Imola, 14 septembre 1845.* »

« Nous pouvons bien dire, mes chères filles, que le Seigneur, en faveur de ces pauvres âmes que nous cherchons à lui ramener, décoche sur nous des flèches de grâce et d'amour, par les bénédictions qu'il répand sur nos travaux, nous réservant dans le Ciel ce torrent de félicité et de délices, dont seront rassasiés ceux qui auront travaillé à procurer sa gloire. N'est-il pas vrai que, bien que nous ayons à souffrir souvent des humiliations, aucune de nous n'eût reçu cependant dans le siècle autant d'honneur que nous en recevons à titre de Religieuses ? Et ne devons nous pas pour cela nous tenir toujours bien humbles et bien petites intérieurement ? Dieu daigne appeler les grands de la terre sur le haut de la montagne, pour leur inspirer le zèle et la bienveillance en faveur de nos établissements. Il a écouté les prières que nous lui faisions pour obtenir des sujets selon son cœur, et il nous en a donné un grand nombre. En reconnaissance de tant de grâces, nous devons plus que jamais faire ce qui peut plaire au Sacré Cœur de Jésus, nous appliquant à croître en perfection, accomplissant toutes choses avec ferveur et amour.

« Prions pour le salut des âmes, travaillons pour le salut des âmes ! N'oublions jamais que notre vie doit être entièrement consacrée à cela, et que si nous agissions pour une autre fin, nous manquerions à notre vocation ; nous n'en comprendrions pas la sublimité ; nous n'en aurions ni l'amour, ni l'esprit qui lui est propre. »

En 1851, dans sa visite aux maisons d'Allemagne, elle eut la consolation de compter soixante enfants qui avaient reçu le saint baptême, et elle exclamait : « J'ose dire que chacune de nos maisons est un parterre de prédilection sur lequel Dieu répand ses plus douces et fécondes bénédictions. Oh ! qui pourrait compter les bontés du Seigneur envers nous, ses incessants bienfaits ! Nos cœurs devraient se fondre d'amour et de reconnaissance pour Lui ! Oh ! qu'il est donc vrai que la part qui nous est échue est magnifique ! Dieu lui-même s'est fait notre héritage dès cette vie ! Que notre Congrégation bénie soit pour jamais le nid de notre repos, passons-y la nuit de notre exil, en attendant que se lève le soleil de notre céleste patrie. »

Pour les âmes embrasées de charité, il n'est pas de bonheur plus grand que d'alléger les peines de ceux qui souffrent. Personne ne pourrait exprimer ce que ressentait le cœur de notre Vénérée Mère Fondatrice, Marie de Sainte Euphrasie Pelletier, quand la Congrégation prenait à sa charge une maison de correction, et qu'il lui était donné de pouvoir changer le triste sort des prisonnières, les délivrant de l'obscurité de leur cachot et de leurs accablants châtiments. A l'égard de ces malheureuses, sa charité redou

blait ; la prison se transformait en asile de piété
et de labeur. En 1853, le Gouvernement français confia à la Congrégation les jeunes détenues
et Notre Vénérée Mère alla elle-même les recevoir
à notre maison de Nazareth près d'Angers ; elle
raconta ainsi leur arrivée : « Je me retrouve
avec bonheur au milieu de vous, mes chères
filles, j'aurais désiré vous avoir toutes à Nazareth pour recevoir la dernière colonie des jeunes
détenues. La diligence de Rennes ayant été en
retard elles n'arrivèrent que vers dix heures
du soir. Elles paraissaient d'abord tristes et
timides ; mais, une fois devant le feu de
sarment, qui pétillait dans la grande cheminée
de la cuisine, nos petits oiseaux se mirent à
gazouiller. Nous leur fîmes servir de la soupe
bien chaude, de la viande et du vin, etc., etc.
Alors leurs pauvres cœurs s'épanouirent, il y
avait si longtemps qu'elles n'avaient été à un
tel festin !

« Le lendemain, nouvelle surprise ; les habits
de la prison furent changés contre les robes que
vous avez confectionnées avec tant d'empressement et de charité. Elles se regardaient les unes
les autres, ne comprenant rien à cette métamor-
phose. Ce fut bien autre chose lorsqu'on leur eut
fait parcourir une partie des jardins ! « Nous ne
sommes donc plus en prison ? demanda l'une
d'elles. » — « Mes enfants, vous êtes au Bon-Pas

teur, pour y apprendre à aimer le bon Dieu, à le servir, et aussi pour vous former au travail, afin de vous rendre plus tard utiles à vos familles. » — « Merci, ma Sœur. » — « Il ne faut pas dire comme ça, reprit une des grandes ; c'est ici des mères. » — Et ces paroles furent accompagnées d'un mouvement énergique.

« Eh ! bien ! mes chères filles, soyons de véritables mères, soyons des pasteurs vigilants pour conduire ce nouveau troupeau. La tâche sera rude, mais la récompense magnifique ! La ville s'intéresse beaucoup à cette œuvre des jeunes détenues. Monseigneur la voit avec plaisir ; Sa Grandeur a promis d'aller dire la messe à notre chère Maison de Nazareth. »

Rien n'est impossible à l'âme possédée de l'amour de Dieu. En 1854, le Bon-Pasteur planta sa tente en Asie, au prix de très dures souffrances et les fruits sont abondants et surpassent les espérances. Nos sœurs écrivent de la Maison de Maïssour, dans l'Inde : « Nous avons des païennes à instruire, des idolâtres à convertir ; cela enflamme notre zèle et nous remplit d'indicibles consolations. » Quelques années après, elles célébraient la fête de Sainte Euphrasie avec le baptême d'un grand nombre de petites Indiennes ; le cœur de Notre Vénérée Mère surabondait de joie, gagnant tant d'âmes pour Dieu.

L'amour ne dit jamais : c'est assez. Notre Vénérée Mère continue toujours à conquérir des âmes à son Divin Roi : elle établit d'autres maisons en Asie, en Afrique, dans l'Amérique du Sud et à Melbourne en Océanie.

Et le germe sacré de la charité est semé dans les cinq parties du monde, par la main bénie de Notre Vénérée Mère Fondatrice Marie de Sainte Euphrasie Pelletier ; de celle qui consacra sa vie entière à l'amour de Dieu et du prochain ; et comme cette semence est sacrée, elle continue et continuera toujours à se multiplier de plus en plus, produisant des fruits de vie et d'amour éternel.

« Souvenez-vous, disait-elle à ses filles, que beaucoup d'âmes sont encore hors de la voie du salut, il faut prier le Divin Maître qu'il leur fasse entendre sa voix, afin que selon sa parole il n'y ait qu'un troupeau et qu'un Pasteur. » « N'oubliez pas que par la charité seulement vous gagnerez les âmes. Oh ! mes filles, quelle charité vous devez avoir pour les âmes, qu'au nom du Divin Pasteur et de sa tendre Mère la Très Sainte Vierge, l'Eglise confie à vos soins ! Aimez-les, oui, aimez-les beaucoup, consolez, fortifiez ces brebis malades ; rendez-les heureuses et très heureuses, avec la grâce de Dieu, c'est votre devoir, nourrissez-les de la surabondance de la charité qui doit régner dans vos cœurs.

Oh ! mon Dieu, que de choses fait l'amour ! que
d'entreprises se réalisent par la force de l'amour !
Par l'amour, notre Institut s'est fondé ; et vous,
vous êtes venues ici par l'amour de Dieu ! oh !
non, non, disons-le franchement : Vous n'êtes
pas des esclaves qui souffrez aucune violence,
non, vous êtes les filles bien-aimées du Cœur de
Jésus ; vous êtes les heureuses victimes de
l'amour que vous portez dans vos âmes ! »

§ III

Dans l'espace de près de quarante ans qu'elle
gouverna, toujours elle enseigna la charité, et
les dernières instructions que nous entendîmes
de sa bouche, furent encore sur la charité :
« Dieu est charité, répétait-elle, et je reviens
toujours sur cela, comme le disciple bien-aimé. »
« Aimez-vous les unes les autres, » nous disait-
elle avec l'Apôtre de la charité, et elle pouvait
bien ajouter : comme je vous ai aimées, parce
qu'elle aima ses filles de l'amour le plus tendre,
le plus constant, le plus solide et le plus mater-
nel. Toutes étaient persuadées que personne
ne les aimait comme cette tendre mère, il
semblait que dans ce cœur, océan de charité,
chacune était l'objet de sa prédilection. Et cet

amour semblait s'accroître pour celles qui étaient loin d'elles, et pour chacune de leurs maisons. Elle nous dit un jour que, lors de sa première visite à Rome, se trouvant dans la basilique du Vatican, au pied de l'autel où reposent les corps sacrés des Princes de l'Eglise, saint Pierre et saint Paul, elle se sentit fortement pressée d'offrir à Dieu sa vie, s'il était nécessaire, pour chacune des maisons de la Congrégation. Un autre jour, elle dit à la Communauté : « Oh ! mes filles bien-aimées, ne cessez jamais d'exercer une exquise cordialité envers les maisons de l'Institut, surtout envers les plus pauvres, les aidant de toutes les manières possibles ; avec cette délicatesse, avec cette charité, vous deviendrez toujours plus saintes. Il ne doit jamais sortir d'ici une lettre qui puisse contrister nos sœurs, et si, par malheur, cela arrivait, je proteste publiquement que cette lettre n'aurait pas passé sous mes yeux. » « Je vous avoue, mes chères filles, qu'une des pensées qui m'occupe jour et nuit, c'est celle de soutenir nos pauvres maisons. Ah ! quand je sais que quelqu'une de nos communautés souffre des privations, je voudrais pouvoir me vendre pour les secourir. Soyez aussi très charitables envers nos Sœurs qui sont en voyage, accueillez-les de la manière la plus cordiale. Ecoutez comment l'Apôtre saint Paul insinuait aux premiers fidèles la pratique de l'hospitalité fraternelle : « Je vous recommande notre sœur Phébé, diaconesse de l'Église de Corinthe. Accueillez-la au nom du Seigneur, comme on doit accueillir les Saints ; assistez-la comme elle le mérite, dans tout ce qu'elle aura besoin de vous, car elle a assisté beaucoup des nôtres, et moi en particulier. » Le même Apôtre écrivant à ceux de Corinthe, leur disait : « Je vous conjure d'avoir beaucoup de déférence pour tous ceux qui, par leur peine et par leur travail, contribuent à l'œuvre de Dieu. » Et encore : « Ils ont consolé mon cœur aussi bien que le vôtre. »

« En vérité, mes chères filles, vous aussi consolez beaucoup mon cœur, quand je vous vois si bien recevoir nos Sœurs.

« Exercez l'hospitalité envers tous. » Ces paroles s'adressent bien à nous, puisque la charité est comme l'essence de notre vocation.

« Nous pouvons dire que la Maison-Mère est comme la maison d'une grand'mère affectueuse, où tous les enfants et petits-enfants qui viennent la visiter, trouvent les plus douces caresses. Quand nos Sœurs arrivent, nous devons étendre nos soins aux moindres choses qui les regardent ; nous devons les faire reposer, les réconforter, faire blanchir leurs vêtements, leur réjouir l'âme, usant avec elles des traits les plus aimables, assaisonnés d'humilité et de charité. Parlez avec un saint abandon à nos Sœurs qui viennent ici avec tant de joie ; montrez tout le plaisir que vous éprouvez de les avoir près de vous. Il faut que nous nous comportions de manière qu'il puisse être dit de nous ce qui est écrit dans les Livres Saints : « Toute la multitude n'avait qu'un cœur et qu'une âme, et personne ne considérait ce qu'il possédait comme étant à lui en particulier ; toutes choses étaient communes entre eux. »

« Les coutumes du Mont Liban tiennent de l'esprit des anciens patriarches, et lorsqu'ils traitent avec les voyageurs, ils ont pour eux de tels égards, surtout pour les Prêtres et les Religieux, qu'il n'est pas possible de dépeindre le respect qu'ils leur témoignent et les attentions qu'ils leur prodiguent. Entre autres choses, ils leur présentent des parfums en abondance, le lait le plus frais, les fruits les meilleurs, la crême la plus douce, les fromages les plus exquis, les fruits les plus savoureux ; ils leur baisent les mains, et appellent toute la famille, tous les enfants pour qu'ils les saluent et leur demandent leur bénédiction. Ils se font un honneur de leur aider à monter à cheval, touchent leurs vêtements avec vénération ; et quand ils s'éloignent, ils ne cessent de les suivre des yeux, de les saluer, de les accompagner de leurs vœux.

« Qu'il ne soit pas dit, mes chères filles, que les habitants du Mont Liban vous surpassent et fassent mieux que vous dans la pratique de la charité fraternelle.

« L'abbé Apollon, supérieur de plusieurs couvents de la Thébaïde, disait souvent à ses religieux que quand des frères venaient les visiter, ils devaient les traiter avec vénération. Toujours je lis avec un nouveau plaisir ce que l'on raconte à ce propos dans la Vie de saint Antoine. Ce grand saint, voyant que ses disciples ne cessaient de le visiter, se mit à cultiver des légu_mes, à recueillir des fruits pour mieux les traiter lorsqu'ils venaient le voir. C'était une grande fête le jour où le saint recevait ses fils, et il les renvoyait tous contents, et lui-même était tout joyeux de les avoir récréés et réconfortés.

« Voilà comment font les Saints. Apprenons d'eux à en faire autant. Il faut que nous nous rappelions que nous devons n'avoir entre nous qu'un cœur et qu'une âme.

« Les personnes du monde se figurent, en général, que les Religieuses sont malheureuses et chagrines, qu'elles vivent sans s'aimer. Non, non, mes bonnes filles, vous pouvez rendre témoignage du contraire. Rassemblées ici de tous les pays, nous sommes autant de sœurs affectionnées, et nous savons combien il nous en coûte quand il faut nous séparer. Et personne ne nous blâmera si, au moment de la séparation, nous payons à notre affection un tribut de larmes, puisque saint Paul lui-même, ce grand apôtre qui avait supporté avec tant de courage les liens, les flagellations, les prisons, était ému jusqu'au fond de l'âme en voyant les larmes que répandaient les fidèles lorsqu'il s'éloignait d'eux.

« Quelque soumises que fussent les filles de sainte Thérèse, quelque détachées qu'elles fussent, elles pleuraient aussi lorsqu'elles devaient se séparer. Et saint Bernard se trouvant une fois en voyage, et recevant des lettres de ses frères qui se plaignaient de son absence, leur répondait : « Vous me dites que mon absence vous afflige beaucoup, et moi je vous prie de penser combien il doit m'être pénible et douloureux d'être loin de vous ; la mesure de la privation n'est pas égale de mon côté et du vôtre, car c'est une chose bien différente que toute une société soit privée d'un seul, ou que ce seul soit privé de tous ceux de la Communauté. »

« Mes chères filles, maintenez toujours vive dans votre cœur l'affection envers vos Sœurs, l'affection à votre Maison-Mère. Angers n'est-il pas le berceau de votre enfance religieuse, et ne doit-il pas être le centre de vos affections ? Oui, certainement, et son souvenir doit être ineffaçable dans vos cœurs. Bien entendu que ce ne sont pas les murailles que nous disons d'aimer; mais c'est cet esprit de régularité, de zèle, de piété, de charité, que vous devez imiter partout. Vous avez maintenant les meilleurs sentiments : il ne faut pas, qu'après plusieurs années, ils s'affaiblissent et qu'il entre dans vos cœurs un certain égoïsme qui vous détourne de la voie où vous marchiez d'abord. Si vous vous éloignez de cette voie, vous vous égarerez. »

Dans la dernière assemblée générale, elle disait [1] : « Ah ! qu'il est consolant de nous trouver réunies aujourd'hui ! Que je suis donc heureuse d'être entourée par vous, mes chères filles, de voir l'affectueuse charité, la paix, l'esprit d'union qui règne parmi vous ! Aucune ici n'est étrangère pour les autres. Américaines, Anglaises, Irlandaises, Allemandes, Italiennes, Françaises, etc., toutes vous n'avez qu'un cœur et qu'un esprit. Vous ranimez mon courage, qui quelquefois chancellerait. Ah ! oui, cette œuvre est l'œuvre de Dieu ; il vous gardera toutes dans son cœur.

« Il y avait autrefois à Jérusalem la fête des Tabernacles. C'était un temps de réunion solennelle, une fête de reconnaissance, que le Sei-

---

[1] Pendant le Chapitre général assemblé à la Maison-Mère pour l'élection en 1864. Dernière réélection de notre bien-aimée Mère Marie de Sainte Euphrasie Pelletier.

gneur lui-même avait ordonné à Moïse de faire célébrer à son peuple, en mémoire de la protection spéciale qu'il lui avait accordée durant quarante ans dans le désert. A l'époque assignée, toutes les tribus se mettaient joyeusement en voyage; de tous côtés on venait prendre part à la fête. C'était une grande douleur pour ceux qui étaient empêchés d'y aller; et chaque famille au moins s'y faisait représenter par son chef ou par un de ses membres qui partait avec joie au nom de tous.

« Arrivés à Jérusalem, les voyageurs se réunissaient dans les champs; ils y dressaient des pavillons ou tentes mobiles appelées tabernacles; ils couvraient ces tentes avec des feuilles et des branches d'arbres. Les habitants de la ville venaient s'unir à eux, et pendant les huit jours que durait la fête, ils n'habitaient pas ailleurs, afin qu'à jamais on se rappelât que dans le désert, où Dieu les avait comblés de bienfaits, ils avaient vécu sous des tentes. Tous ensemble assistaient à la prière et aux sacrifices; un des anciens lisait la Loi, et chaque tribu réformait ce qu'elle trouvait de défectueux en elle. Ces entretiens religieux étaient entremêlés de chant et du son des instruments de musique. Il est bien entendu qu'on n'oubliait point de faire de joyeuses récréations et de fraternels repas.

« Et ne peut-on pas dire, mes chères filles, que c'est ce qui arrive maintenant ici parmi vous, dans votre Maison-Mère ? Mon cœur, en vous voyant, déborde de reconnaissance et de joie, et se reporte à la belle fête des Tabernacles que le peuple de Dieu célébrait à Jérusalem avec tant de solennité.

« N'est-il pas vrai que toutes les tribus de notre Israël sont venues à l'envi célébrer dans leur Jérusalem cette fête de reconnaissance dans cette Sion bien-aimée, où le Seigneur a daigné répandre de si abondants trésors de grâces sur ce nouveau peuple qu'il s'est plu à se choisir ? N'est-il pas vrai que chacune de nos familles se trouve représentée par son chef ? Ah ! oui, mes chères filles, chantez en chœur le beau cantique de David : *Quid retribuam ?* Réjouissez-vous, faites fête entre vous, relisez la Loi sainte, renouvelez vos promesses, rendez grâces au Seigneur de tout ce qu'il a opéré pour votre Congrégation. Aimez-la toujours comme vous l'aimez maintenant. Je ne crains pas de dire que si vous aimez toujours votre vocation, vos vœux, si vous vous aimez toujours entre vous, si vous vous soutenez toujours les unes les autres, vous serez capables d'opérer des prodiges et vous irez droit au Ciel.

« Cet esprit de charité, de simplicité, de reconnaissance est l'âme et la vie de notre Institut.

Avec cela vous posséderez tout, et Dieu continuera à répandre sur vous toutes une rosée de bénédictions. Et puis, ce n'est qu'ainsi, mes bien-aimées filles, qu'il vous sera possible de gagner les âmes à Dieu.

« Étant toutes membres de l'Institut, chacune de vous doit avoir l'esprit même de ce cher Institut, puisque vous avez été formées par lui et pour lui. Et pour quelle raison croyez-vous que je vous dise que vous devez avoir l'esprit de l'Institut, que vous devez le chérir ? Je dis cela parce que notre Institut est uni très étroitement à la sainte Église, parce qu'il a les bénédictions, la protection de l'Église, parce que le Chef même de l'Église est à double titre votre premier Supérieur, comme chrétiennes et comme religieuses.

« Il s'élève souvent contre nous de terribles orages ; quelquefois nous nous trouvons enveloppées dans une profonde obscurité : alors nos yeux se tournent vers Rome, et de là nous vient le secours, la lumière.

« Remarquez encore ceci, mes chères filles, quand le Chef de l'Église souffre, nous souffrons aussi ; quand la barque de Pierre est agitée, notre petite et frêle nacelle est ballottée, secouée. C'est alors que nous devons la tenir plus fortement amarrée à cette barque qui ne peut périr, et avec elle nous serons sauvées. Je voyais si bien la vérité de ce que je vous dis, lors de notre voyage à Rome !

« Une terrible tempête nous assaillit ; notre vaisseau semblait se briser, mais notre vigilant pilote nous dit : « Ne craignez rien, le vaisseau que je conduis est solide, il ne périra pas. » Et d'une main ferme, il tenait le gouvernail, et son œil ne se détachait du navire que pour interroger le ciel et prendre la juste direction. Autour de nous voguaient de petites barques qui bondissaient comme si elles eussent été des coquilles sur les vagues. Deux pauvres pêcheurs étaient dans une d'elles qui allait être submergée, quand tout à coup se fait entendre un cri : « La chaloupe à la mer ! » Deux robustes matelots se dévouent aussitôt, et à force de rames et de courage, ils parvinrent à tout sauver. Ils furent entourés et fêtés par tous les passagers, et la petite barque, fortement attachée à notre vaisseau, défia les vagues de la haute mer.

« Il me semble reconnaître en cela l'image de votre Maison-Mère, de cette nacelle qui tant de fois a été battue par la tempête, qui a heurté contre tant d'écueils ! Elle aurait infailliblement péri si elle n'eût été enchaînée par des liens très forts au vaisseau sacré de l'Église.

« Donc, dans notre navigation, dirigeons constamment nos barquettes du côté de Rome, et nous n'aurons rien à craindre. Mes chères enfants, Angers sera toujours votre nacelle ; le pauvre pilote sera toujours prompt à vous aider, à vous sauver ; ses bras seront toujours ouverts pour vous recevoir.

« Vous êtes continuellement occupées à reconduire des âmes au bercail du Divin Pasteur, vous élevez partout des églises en son honneur : voilà pourquoi le Représentant de Jésus-Christ s'intéresse tant à notre Congrégation. Rien ne lui est plus agréable que de voir s'accroître la dévotion au Très Saint Sacrement, de voir se propager son culte surtout en certains pays, comme l'Angleterre, l'Irlande, l'Afrique, l'Amérique, etc. A mes yeux, la fondation de notre Maison de Londres est un chef-d'œuvre dans l'ordre du bien ; car, que nous soyons parvenues à établir un Monastère dans un royaume protestant, triomphant des obstacles que nous suscitaient une multitude d'adversaires, que nous nous y trouvions maintenant jouissant de la protection de ceux du pays, c'est, en vérité, une merveille opérée par la miséricorde du Seigneur. Espérons donc qu'il en sera de même pour d'autres Monastères qui nous sont demandés.

« Savez-vous d'où provient cette spéciale protection de Dieu pour nous ? Savez-vous pourquoi notre Congrégation peut s'étendre dans tous les lieux? Je répéterai ce que j'ai déjà dit : cela provient de notre attachement à l'Église. Oh ! je l'aime, cette sainte Église, notre Mère ! Qu'il m'est consolant de penser que notre chère Congrégation travaille à son exaltation ! Tout passera, mais l'Église Catholique, Apostolique et Romaine ne passera pas.

« Savez-vous encore ce qui attire cette particulière protection de Dieu qui soutient notre Institut et lui donne tant de force ? C'est l'union que nous maintenons entre nous, c'est l'obéissance; c'est, en un mot, l'esprit d'unité. Si malheureusement cet esprit venait à manquer, l'œuvre dépérirait; la Congrégation deviendrait semblable à un bel arbre dont les feuilles jaunissent, dont les fleurs tombent, dont les branches s'abaissent, dont les fruits manquent parce qu'un ver est venu ronger dans l'intérieur et en a desséché la racine. Oh ! de grâce, mes chères filles, faites en sorte que jamais il n'arrive un tel malheur.

« Conservez les sentiments religieux dont vous êtes animées maintenant, faites-les passer aux générations futures, et votre Congrégation sera toujours « comme un arbre sur le bord des eaux, » étendant de toutes parts ses branches chargées de feuilles, de fleurs et de fruits.

« La fête des Tabernacles pour le peuple de

Dieu revenait chaque année. Le temps de sa durée était appelé temps très célèbre et très saint; Dieu avait ordonné que la loi par laquelle cette réunion solennelle était prescrite fût mémorable pour toute la postérité des Hébreux, ayant aussi en vue de leur faire comprendre par ces voyages annuels qu'ils étaient sur cette terre comme des passagers et des pèlerins.

« Nos solennelles réunions ne se font pas aussi fréquemment, mais il faut que leur mémoire soit transmise aux générations futures, afin qu'elles en aient un grand respect et un grand amour. Heureuses celles qui, comme vous, viendront ici, au temps déterminé, bénir et remercier le Seigneur, se fortifier dans l'union et se réjouir ensemble en sa sainte présence! Heureuses, oui, heureuses celles auxquelles il sera donné de faire ce pèlerinage, de venir renouveler leurs vœux dans cette enceinte sacrée et de conserver à la postérité l'esprit de zèle et d'union qui est la vie de cet Institut! Leur voyage sera béni, et un jour elles arriveront à cette belle « cité bâtie sur un solide fondement, dont Dieu lui-même est le fondateur et l'architecte ».

« Là, seront mises en oubli les fatigues du chemin, et s'il est vrai que, même en ce monde, cette vie de charité et d'union nous fait goûter des jours de joie et des délices indicibles, que sera-ce quand les âmes élues qui auront servi le Seigneur se trouveront dans le règne de la félicité, de la paix et de l'union perpétuelle !

« Institut sacré, je mourrai dans tes bras et tu me porteras dans le sein de mon Dieu. »

§ IV

Son amour, son adoration et son respect profond envers la Très Sainte Trinité, allumaient incessamment en son cœur des ardeurs toujours nouvelles de zèle pour le salut des âmes. Elle méditait souvent comment chacune des Trois Personnes Divines avait contribué au mystère de l'Incarnation pour racheter et sauver les âmes, et de son cœur, enflammé par cette considération, s'échappait ce cri : « Voyez, voyez l'amour d'un Dieu ! Il nous aime passionément ; et nous, ne ferons-nous jamais rien pour Lui ? Ne le paierons-nous pas de retour ? Oh ! oui ; nous lui chercherons et lui attirerons quelques-unes de ces âmes si chères à son cœur ; nous les lui offrirons comme gage de notre amour et de notre reconnaissance ; Dieu seul doit être l'unique objet de notre amour. »

« Que la charité soit donc votre vie, que son « esprit anime toutes vos œuvres ; la récitation « du Saint office, le chant des psaumes, votre

« travail, tout ne doit avoir d'autre mobile que
« de glorifier Dieu et de procurer le bien des
« âmes ! Oh ! que mon cœur se dilate en vous
« entendant chanter le saint office ! Mon âme se
« remplit d'une telle dévotion que je pleure de
« joie, je crois que votre ferveur et votre piété
« contribuent puissamment à la conversion des
« âmes. Mes filles très chères, que là où ne
« peut arriver votre action, arrive votre oraison.

« Grand Dieu ! que faisons-nous dans ce monde
« et pourquoi y sommes-nous, si ce n'est pour
« contribuer au salut de nos frères ? Unissons-
« nous à Notre Seigneur dans le Très Saint
« Sacrement où Il est continuellement anéanti,
« s'offrant en victime à son Père Éternel, pour
« réparer les injures et les crimes des âmes
« égarées qui ne veulent pas comprendre les
« maux que leurs iniquités accumulent sur leurs
« têtes. Jésus les aime cependant ces âmes ; et
« Il montre à son Père les plaies dont Il s'est
« laissé couvrir pour les sauver. Ces âmes sont
« à Lui, elles lui appartiennent à tant de titres !
« Il veut que toutes se sauvent et soient à Lui
« pour jamais. »

§ I

Si cet amour dont le cœur de Notre Vénérée
Mère était embrasé pour le salut et la sanctifica-

tion des âmes est la preuve la plus évidente de l'amour dont elle se consumait pour Dieu, puisque l'amour de Dieu est la base et le fondement de l'amour du prochain, cependant il se manifesta de beaucoup d'autres manières, et principalement par une parfaite conformité de sa volonté avec la volonté divine.

Elle semblait être dans l'attente continuelle de la volonté de Dieu pour l'accomplir jusque dans les moindres choses. Un jour que nous lui représentions quelques difficultés pour une œuvre, sa réponse fut la suivante :. « Ma fille, c'est la volonté de Dieu ; et, pour l'accomplir, je parcourrais le monde entier, s'il était nécessaire. » Cet amour lui imposa de grands sacrifices, des privations de tout genre, particulièrement à la séparation de ses filles qu'elle aimait si tendrement et qu'elle devait parfois envoyer à de lointains pays, à de mauvais climats et à des entreprises très ardues.

Cette divine volonté fut la règle de sa vie et lui fit réaliser de très grandes choses pour la gloire de Dieu et le bien des âmes. Que de fois Elle répétait ces paroles : « Je serre la volonté de Dieu sur mon cœur » et Elle les répéta jusque dans ses derniers moments, ainsi que ces autres qui furent l'écho de sa vie : « Le zèle de la maison de Dieu m'a dévorée. »

Le feu de l'amour divin qui, dès son enfance,

brûlait en son cœur, ne se ralentit jamais un seul instant durant sa vie ; cet amour sacré peut seul avoir réalisé les grandes œuvres de Notre Vénérée Mère Fondatrice, Marie de Sainte Euphrasie Pelletier ; car, si pour une seule œuvre, il y a tant de dificultés à vaincre, et si elle ne se cimente solidement que quand la croix y a été plantée bien à fond, que de souffrances n'ont pas dû causer à cette servante de Dieu l'établissement de cent-dix monastères et la conquête de tant d'âmes ! Mission héroïque qui ne lui laissa ni trève, ni repos ! l'oraison et le travail occupaient les heures de la journée, et les heures de la nuit se passaient entre l'oraison et la souffrance. Dès l'aube du jour, nous la voyions s'acheminer empressée et comme altérée de se nourrir de la Sainte Eucharistie, qu'elle recevait chaque matin avec une nouvelle ferveur ; et, dans son action de grâces, elle ne laissait passer aucun jour, nous disait-Elle, sans demander au Seigneur, entre autres grâces, celle de donner à sa Congrégation le Pain Eucharistique, la paix et le pain quotidien.

§ II

Étendue déjà sur son lit d'agonie, elle n'interrompit point sa mission de charité : image fidèle du Bon Pasteur, qui de la chaire de la croix nous donna les plus sublimes enseignements. Elle aussi, de la chaire de douleur où elle souffrait, intimement unie à Jésus-Christ dans sa passion, elle ne cessait d'exhorter ses filles à vivre de charité, à soigner avec une sollicitude maternelle les brebis de son troupeau, à conserver intact cet Institut Sacré. De là, elle adressait aussi les paroles les plus tendres à ses filles éparses par tout l'univers; les assurant qu'elle les avait aimées jusqu'à la fin, qu'elle les aimerait au delà de la tombe, que son cœur resterait avec elles. Avec une égale tendresse, elle recevait celles qui eurent la triste consolation d'assister à ces jours de douleur. La veille même de sa mort, quand la Mère Marie de Saint Ignace Weld, provinciale d'Angleterre, et son assistante arrivèrent au seuil de la porte de sa cellule, elle leur tendit les bras en disant : « Venez, venez, mes chères filles, l'amour est plus fort que la mort, Dieu m'a conservé la vie pour que j'aie encore la consolation de vous bénir et de vous serrer sur mon cœur. » Dans la matinée du jour suivant, elle parla à plusieurs des mères Prieures ; elle nomma une supérieure pour le Monastère de Miserghin, des sœurs qui devaient aller établir la maison d'Aden et celles qui devaient partir aux Indes ; elle parla en particulier à chacune jusqu'à ce que se sentant

mourir elle s'écria : « Adieu, mes filles !! » Elle
nous avait dit : « Je vous laisse pour testament
l'amour de la croix et le zèle pour le salut des
âmes. »

§ III

Pénétrons dans le sanctuaire de ce cœur qui
vient de cesser de battre et nous y découvrirons
les pactes ingénieux que l'amour divin lui inspirait : que chacune des palpitations de son
cœur fût une prière qui obtînt grâce et pardon
pour les pécheurs, que chacune de ses respira-
tions fût comme un acte de repentir de son
âme, et comme une pénitence de la fervente
Madeleine. Que son sang cessât de couler dans
ses veines si celui qu'avait répandu l'Humanité
sacrée de Notre-Seigneur devait rester sans
fruit pour les âmes. Que l'aliment de sa vie fût
de travailler sans relâche pour la gloire de Dieu
et pour le salut des âmes,

Que lorsque, pour se réconforter, elle fixerait
ses regards sur sa Divine Majesté, la force aug-
mentât en son âme, que tous les mouvements
naturels de ses yeux fussent autant de supplications pour que la Miséricorde Infinie jetât un
regard propice sur les âmes qui n'étaient pas en
sa sainte grâce, afin qu'elles eussent le bonheur
de voir éternellement la splendeur de sa céleste

Beauté. Que chacun de ses regards eût la vertu
de porter à Dieu les âmes de ceux qu'elle regar-
derait et de les gagner à l'amour de leur Créa-
teur : cela explique la puissance qu'avaient ses
yeux : que de fois un seul de ses regards suffit
pour changer les cœurs endurcis ! Que son repos
ne fût que vigilance pour empêcher le loup
infernal de lui enlever les âmes. Qu'en échange
de la soif corporelle qu'elle refusait d'étancher,
le Seigneur lui accordât de se consumer de la
même soif qu'il souffrit sur la croix pour le salut
des âmes.

L'amour sacré consuma ainsi l'holocauste.

Avec justice, sur la pierre qui couvre ses
restes vénérés, on grava ces paroles : « Seigneur,
le zèle de votre maison m'a dévorée. »

CHAPITRE IV

Ses Vertus Cardinales

§ I

Notre Vénérée Mère Marie de Sainte Euphrasie Pelletier pratiqua excellemment les vertus cardinales. Sa prudence n'était pas une prudence humaine ; dès sa jeunesse, la lecture de l'Écriture Sainte avait été l'aliment de son âme, son pain quotidien ; elle semblait non seulement la savoir par cœur, mais être imbue de son esprit, et autant ses œuvres que ses paroles émanaient de cette céleste doctrine.

De quelle prudence n'eut-elle pas besoin pour établir et gouverner cent-dix Monastères, en tant de nations diverses, et dont quelques-uns étaient si éloignés ; plus encore, pour traiter avec des personnes de tous pays et de si différentes catégories sociales ; pour se faire aimer comme elle le fut, non seulement de ses filles, mais de tous ceux qui dépendaient d'elle ! Mon sieur le comte de Neuville, illustre fondateur de notre Maison-Mère, lui disait dans la première lettre qu'il lui écrivit après son départ pour Rome : « Les jours qui ont suivi votre départ « ont été des jours de douleur... Ah ! Madame, « que vous êtes aimée de votre Communauté et « de tout votre troupeau ! Cet attachement parle « bien haut contre tout ce que la calomnie a osé « inventer contre vous, et prouve bien qu'on ne « peut avoir tant d'amour que pour la meilleure « des mères. » On peut dire de notre Vénérée Mère Fondatrice que, comme l'Apôtre des nations, elle se faisait toute à tous, pour les gagner tous à Dieu.

Quand sa conscience le permettait, elle cédait toujours aux autres, en disant : « Mieux vaut plier que rompre. » La prudence la guidait jusque dans les moindres choses : « Prenons toujours, nous disait-elle, un juste milieu ; ne nous laissant pas emporter d'un esprit de rigueur dans les nécessités corporelles, de crainte que la plupart, ne pouvant le supporter, passent à l'extrême opposé. Soyez donc prudentes comme le serpent et simples comme la colombe. » Elle nous répétait aussi les maximes suivantes : « La prudence consiste dans le juste discernement de ce qu'on doit faire et de ce que l'on ne doit pas faire, selon les circonstances où l'on se trouve. » — « Que tes yeux voient toujours bien les choses et que tes paupières gardent tes pas, observant bien où tu dois mettre le pied. »

« Ne faites rien sans réflexion. Les personnes qui agissent en tout avec légèreté, sans considérer ce qu'elles font, finissent par tomber dans le précipice. Qui veut vivre prudemment, doit vivre de réflexion. — Usez de prudence, surtout en traitant avec nos pénitentes et nos enfants. Prudence très grande aussi avec les personnes du dehors : il est plus facile de prévenir le mal que d'y remédier. »

« Ne croyez pas que la réflexion et la prudence vous empêcheront d'être aimables et gaies ; au contraire, mes chères filles, la réflexion et la prudence apportent avec elles la paix de la conscience, et cette paix remplit l'âme de la joie la plus pure et la rend attentive et docile à la voix de l'Esprit-Saint.

§ 11

La Justice fut stable en son âme ; elle ne s'occupa que de procurer la gloire de Dieu et de faire du bien au prochain. On peut dire avec vérité que dans sa Congrégation : « La justice et la paix se sont embrassées. » Cette vertu la portait à adresser souvent à ses filles l'exhortation suivante : « Soyez saintes, parce que vous servez un Dieu Saint et dont la volonté est que vous deveniez saintes, Dans ces paroles se renferment aussi tous les souhaits de mon cœur. — Soyez justes envers le prochain, ayant soin de ne jamais le blesser. — N'écoutez jamais rien, ne dites jamais rien qui puisse, en quoi que ce soit, ternir la réputation des autres. Quand il s'élève quelque question, ne condamnez personne, prenez la défense des absentes. — La Sainte Écriture dit : « Il y a une voie qui paraît « droite à l'homme et qui, cependant, conduit à « la mort. »

« Ne dites pas qu'il vous suffit de penser à votre perfection ; vous savez que pour une religieuse du Bon-Pasteur, c'est une obligation de justice de travailler au salut des âmes. — Vous me demandez souvent comment je conduisais les pénitentes quand j'étais leur maîtresse ; eh bien, je les conduisais avec justice et bonté. — Soyons pour elles de véritables mères. Mille fois je vous le répéterai, mes chères filles, vous obtiendrez d'elles beaucoup plus par une prudente condescendance que la véritable charité vous inspirera, que par la dureté. Nous devons garder pour nous ce qu'il y a d'amer et donner aux autres la suavité, faisant comme le figuier qui garde pour lui toute l'amertume et ne donne que la douceur.. — Rien par violence. — Une tasse de lait sucrée, donnée à propos à une de nos pénitentes, sera plus efficace pour la ramener à de bons sentiments qu'un acte de sévérité. — Mais si c'est un abus de reprendre trop souvent, c'est aussi un abus de ne reprendre jamais.; il est parfois indispensable de faire sentir la force de l'autorité.

« Je me vis une fois obligée d'employer des paroles très sévères envers un pénitente qui semblait d'abord bien convertie, et qui après donna à ses compagnes autant de scandales qu'elle leur avait donné auparavant de bons exemples. Ne pouvant la faire rentrer en elle-même, elle fut vaincue par une humiliation et revint ainsi à son devoir. Mais ce sont des moyens qu'on doit rarement employer. — Comme vous le savez, il est indispensable de veiller sur vous-mêmes, pour ne pas vous laisser emporter à des mouvements d'impatience ; si vous vous sentez agitées, vous devez vous abstenir de reprendre.. Quand une personne a besoin d'être corrigée, dit Fénelon, si elle s'aperçoit que celle qui la corrige se laisse emporter de quelque passion, difficilement elle réprime la sienne.. »

Une autre de ses recommandations, c'était de ne pas faire attendre les personnes au parloir, pour ne pas leur causer d'impatience, surtout les pauvres, pour qui elle était extrêmement

bonne, les traitant toujours avec grande délicatesse : « Ne faites pas perdre le temps à un
pauvre ouvrier qui vient voir sa fille, nous
disait-elle ; le soir, qui donnera le pain à sa
famille ? Soyons bonnes, très bonnes avec les
pauvres. » Aux ouvriers de la maison, elle faisait donner, en plus de leur salaire, des fruits
et tous les soulagements possibles : ils étaient
traités comme s'ils eussent appartenu à la
grande famille du Bon-Pasteur. Tout ce qu'on
achetait pour la maison était très exactement
payé, afin de ne causer préjudice à personne.
Aussi, comme elle était aimée de tous ! Elle
veillait à ce que les maîtresses de classes fussent
très exactes à donner aux enfants, en plus de
l'instruction religieuse la plus solide, des leçons
de lecture, d'écriture, d'arithmétique et d'ou-
vrages, pour qu'elles devinssent capables de
vivre honnêtement et d'accomplir le devoir de
justice d'aider leurs parents, envers qui elle
exigeait qu'on leur inspirât grand respect, ainsi
que beaucoup de dévouement à leurs familles.

Sa sollicitude maternelle pour que le nécessaire ne manquât à personne ne la quitta pas
même dans ses derniers jours ; chaque année,
avant l'hiver, elle s'informait si la Communauté
et les enfants des différentes classes avaient des
vêtements chauds et une bonne chaussure. Elle
s'occupait constamment de ce que la nourriture

fût saine et suffisante, et que pour les jours de fête et de plus grande solennité dans l'Église, on donnât quelque chose d'extraordinaire, en signe de réjouissance, suivant aussi, en cela, l'exemple de Notre-Seigneur, qui donnait du miel à ses apôtres et préparait leur nourriture. Ce soin s'étendait à toutes les maisons de la Congrégation.

Sa sollicitude pour que toutes eussent, en abondance, les secours spirituels, était plus grande encore. Elle établit que dans notre Maison-Mère on célébrât trois messes tous les jours, et que toutes les fêtes de l'année ecclésiastique y fussent solennisées.

Elle eut soin que les religieuses étrangères pussent se confesser et entendre des prédications dans leur propre langue ; que les différents établissements de Madeleines, Pénitentes et enfants de la Préservation, fissent leur retraite annuelle, avec le plus de recueillement possible, et que toutes approchassent fréquemment des sacrements, et avec toutes les dispositions requises. L'insatiable aspiration de son âme était de travailler pour que toutes servissent le Seigneur en justice et en sainteté.

§ III

La Force fut une des vertus qui brillèrent avec le plus d'éclat en notre vénérée Mère Fondatrice. Appuyée sur Dieu, elle surmonta les grandes difficultés qu'elle trouva dans les œuvres qu'elle réalisa, jusqu'au dernier soupir, sans défaillir jamais dans ses magnanimes entreprises. Son invincible patience était le fruit de ses méditations continuelles sur la vie de Notre Divin Sauveur, de la Très Sainte Vierge, des saints Apôtres et Martyrs. D'illustres et pieux ecclésiastiques, qui admiraient sa force d'âme, disaient qu'elle était aussi le fruit de l'éducation qu'elle avait puisée auprès de filles de nobles martyrs de la révolution.

Il est facile de comprendre quelle guerre acharnée l'enfer fit à cette servante du Christ, puisque son œuvre tend directement à lui arracher ses victimes; intimement persuadée de cela, elle nous disait : « Préparez-vous à avoir des croix, en quelque lieu que vous alliez; ne vous étonnez pas si vous êtes crucifiées, le démon est furieux contre les religieuses du Bon-Pasteur, parce qu'elles arrachent des âmes à l'enfer. — Appuyez-vous sur la Croix, votre lampe brûlera avec l'huile de la tribulation, et sa flamme n'en sera que plus pure. — Quand tout se réunit pour nous éprouver, quand il n'y a pas un moment de repos, quand chaque heure amène une nouvelle épreuve, que notre grand cantique soit alors : *Fiat !* — Aimez les humiliations, les croix, les souffrances, ce sont autant d'échelons qui vous conduiront sûrement à la cime de la sainte montagne. — Avec l'amour de sa vocation, de la sainte communion, de ses constitutions, une religieuse du Bon Pasteur peut tout; avec ces provisions, vous serez capable de traverser les mers, et si l'on vous demande : Qui êtes-vous ? Pourquoi venez-vous ? vous répondrez : Je suis l'épouse du Bon-Pasteur, la fille de Notre-Dame de Charité ; le Ciel est ma patrie, je viens gagner des âmes pour Dieu. — Je voudrais que nous fussions tellement perdues et abîmées en Dieu, que notre cœur ne sentît plus les dards qui lui sont lancés par les créatures. — Que de blessures font les créatures à un cœur sensible ! Dieu veuille que la dernière soit une flèche de son divin amour !

« Nous sommes établies sur le Mont Calvaire, mes chères filles, de cette hauteur vous devez apprendre à être fortes pour ne pas vous laisser ébranler par l'injustice des hommes. Oh ! qu'elles sont dures les injustices des hommes, et que de fois elles ont été une cause de prévarication pour les âmes ! Ah ! vivons toujours de manière

que nous puissions dire avec confiance : « Je
vis de Dieu, je ne travaille que pour Dieu. »

En terminant une année qui avait été comblée
de croix, elle nous disait : « Mes chères filles,
cette année nous a amené de grandes souffrances,
de grandes épreuves, et en même temps beaucoup de progrès. Comme le cèdre du Liban,
nous avons souffert les coups de la hache, pour
croître davantage, et prendre une nouvelle
vigueur : cela est bon pour nous maintenir dans
la ferveur. De temps en temps, le Père de
famille vient semer des croix parmi nous et non
content de jeter çà et là quelques grains de souffrance, il les introduit jusqu'au plus intime de
notre âme, nous faisant passer par la persécution et la calomnie afin que l'humilité s'enra-
cinant plus profondément en nous, nous puissions croître, nous étendre davantage, et
qu'ainsi se multiplient les fruits des bonnes
œuvres de notre sainte vocation. Dieu a de
grands desseins sur notre Institut et nous n'arriverons à les accomplir que par le chemin de la
Croix. Ces œuvres qui nous coûtent tant de soupirs, tant de peines, ces œuvres, pour lesquelles
nous sacrifions nos jours et notre vie toute
entière, ne voyez-vous pas comme elles sont
critiquées, contrariées, et, parfois même, déni-
grées ? Tandis qu'on ne les voit pas prospérer, le
reproche d'imprudentes nous est réservé par nos

amis, on nous accuse de légèreté, et nos ennemis rient de nous. Que nous serions donc insensées, si nous travaillions pour quelque autre motif que pour celui de plaire à Dieu ! Courage donc, allez, allez sauver les âmes ! allez multiplier les tabernacles où Notre Seigneur réside sur la terre, cela redoublera votre confiance à la fin de votre vie, parce que ce sera un titre pour trouver grâce devant le Souverain Juge. Que cette espérance vive toujours en vos cœurs, elle vous consolera dans vos peines et soutiendra votre courage et les âmes au salut desquelles vous aurez contribué plaideront votre cause au tribunal de Dieu, en s'écriant : « Ame pour âme, Seigneur, cette bonne mère aida à sauver mon âme, sans elle j'aurais péri, c'est elle, qui, par votre grâce, m'a convertie, ayez pitié d'elle, comme elle a eu pitié de moi. » Volez donc, mes chères filles, allez, pleines de force, conquérir des âmes. » Et à notre tour, nous disions : l'âme de notre Vénérée Mère Fondatrice Marie de Sainte Euphrasie est vraiment « la maison du Seigneur, construite solidement et fondée sur la pierre ferme. »

§ IV

La tempérance était pour ainsi dire innée en notre Vénérée Mère Fondatrice ; sa vie était

angélique, nous ne la vîmes jamais se préoc
cuper de ses nécessités corporelles ; sa nourriture était bien frugale, ses vêtements et tout ce
qui était à son usage, était très pauvre ; aucune
instance ne put lui faire admettre ce qui nous
semblait indispensable, pour le soulagement de
ses accablants et incessants travaux ; elle vécut
et mourut ainsi, nous donnant de grands
exemples de mortification et d'oubli d'elle-même.
Elle avait consacré tous les instants de sa vie
à travailler efficacement et sans relâche aux
œuvres de la gloire de Dieu et du bien des âmes
pour étancher la soif qui la consumait toute
entière, comme souvent elle l'exprimait en
disant : « Je sens une ardeur pour le salut des
âmes qui me brûle et me consume. »

CHAPITRE V

**Ses quatre vœux religieux : Pauvreté, Chasteté,
Obéissance et Salut des Ames.**

§ I

La perfection avec laquelle Notre Vénérée
Mère pratiqua les vertus religieuses, dès le
premier jour de son entrée dans le cloître,
mérita que ses supérieurs pour satisfaire, autant
que possible, ses ardents désirs d'être unie au
Seigneur par les saints Vœux, lui accordèrent
l'insigne faveur de les faire devant le chapitre,
à la fin de la première année de son noviciat, en
attendant le temps prescrit pour les prononcer
publiquement devant l'autel sacré.

§ II

Vraiment pauvre d'esprit, elle avait pour
trésor sur la terre le Très Saint Sacrement et

les âmes rachetées au prix du Sang de Notre Adorable Rédempteur.

Dans le commencement de la fondation de notre Maison-Mère, elle pratiqua la pauvreté en un degré héroïque n'ayant parfois pour aliment que des orties cuites à l'eau. Les lits n'étant pas suffisants, on les changeait tour à tour selon la nécessité et l'on manquait même de chandelles pour s'éclairer.

Les rigueurs de la pauvreté lui étaient aimables parce qu'elles la faisaient participer à celle de Jésus-Christ. Formées à cette école, ses filles, aussi, surent supporter les sacrifices de la pauvreté dans l'établissement de plusieurs des maisons de la Congrégation.

Dans ses instructions, elle parlait avec une sainte et pénétrante onction des charmes, des attraits, des bénédictions de la vertu de pauvreté. « Le plus grand charme que nous trouvons dans la pauvreté, nous disait-elle, c'est d'être un moyen pour sauver un plus grand nombre d'âmes parce que, avec de l'économie, de l'ordre et de l'industrie, nous pourrons soutenir les œuvres déjà établies et en établir d'autres. »

« De plusieurs pays, les Évêques nous appellent, mais quelques-uns sont pauvres, ils n'ont pas de ressources, il faut donc aider ces Dignes Prélats de l'Église, pratiquant avec soin la pauvreté. » — « Dans la pauvreté vous trouverez toutes les richesses, car celui qui n'a rien possède tout ; Dieu même s'est constitué son héritage. »

« De la vraie pauvreté naissent la paix et l'abondance. » — « Dans l'étable nous trouvons Notre Dieu nous enseignant toutes les vertus attachées à notre vocation ; dans l'étable nous trouverons nos fondations, elles sont là, et l'étable est pour elles une source de bénédictions et de richesses ; celles qui sont nées dans le plus extrême dénûment, sont maintenant celles qui ont le bonheur de donner asile à un plus grand nombre de pénitentes ; voilà les bénédictions qu'apporte la sainte pauvreté, accompagnée d'une inébranlable confiance en Dieu. » Sa vigilance pour que la vie commune se maintint dans toute sa perfection s'étendait jusqu'aux plus petites choses ; elle ne permettait aucune particularité sans véritable nécessité. Rien n'échappait à sa vigilance sur ce point : ni la qualité du papier qu'on employait, ni les couvertures des livres, ni les épingles dont on se servait, ni la manière de porter l'habit qu'on devait soigner extrêmement, ni l'emploi du temps ; car, nous disait-elle, l'ordre et la propreté entrent dans la pratique du vœu de pauvreté. »

Nous trouvions en elle un très parfait modèle de cette vertu. Dès son noviciat elle pratiqua la pauvreté avec un soin extrême, retranchant sur ses besoins à un tel point qu'elle n'avait pas même à sa disposition une épingle de plus que celles strictement nécessaires pour s'habiller.

Par esprit de détachement elle avait promis à Dieu, au moment de sa profession, de ne pas même disposer pour une âme du Purgatoire en particulier des Indulgences qu'elle pourrait gagner. Ce qu'elle accomplit toute sa vie.

Dans ses maladies on avait peine à lui faire accepter les petits soulagements que l'on procure toujours aux malades ; tout lui semblait de trop pour elle ; même dans les derniers temps de sa vie nous ne pûmes obtenir de lui allumer une bougie pour lire la correspondance qui arrivait le soir, ne voulant pas changer l'usage de la chandelle qu'elle trouvait plus conforme à la sainte pauvreté. Ayant une fois permis que l'on fît dans les jardins quelques arrangements qui n'étaient pas absolument indispensables, elle crut avoir manqué à la sainte pauvreté, et en eut tant de regret qu'elle nous répétait : « Oh ! ne faisons plus cela, mes chères filles. »

Cet esprit de pauvreté reluit dans notre Maison-Mère, où tout semble chanter un hymne à la sainte pauvreté de sa Fondatrice.

§ III

L'angélique innocence que Notre Vénérée Mère conserva toute sa vie, se reflétait sur son extérieur. La méditation habituelle de Sa Sainteté de Dieu l'enflammait de plus en plus du désir que rien, dans les âmes, pût offenser les yeux si purs du Seigneur ; de ce désir émanait cette abnégation, cette force surhumaine avec laquelle elle entreprit l'œuvre sublime de réhabiliter devant Dieu et devant la société la femme perdue, guérissant les misères et les plaies de son âme et pour obtenir sa réhabilitation, elle pénétrera jusque dans les prisons des criminelles ; là, tel qu'un lis parmi les épines, le parfum de sa pureté virginale fera descendre du Ciel, des grâces sur ces cœurs ensevelis dans la fange et cette nouvelle atmosphère de pureté leur fera aimer la vertu et haïr le péché.

Si les maux se combattent par leurs contraires, de quelle pureté, de quelle innocence dut être remplie l'âme de Notre Vénérée Mère Fondatrice ; de quelle grâce et de quelle force dut être revêtue celle que Dieu choisit entre mille pour lui confier la mission sanctifiante de porter par tout le monde le remède aux âmes souillées par

le vice ! Jusqu'après sa mort, son visage, son
corps, tout conservait comme empreint le sceau
de sa pureté virginale ; la beauté de ses pieds
nus et découverts, attirait l'attention et faisait
dire : « Qu'ils sont beaux les pieds de ceux qui
ont porté la bonne nouvelle et qui ont enseigné
le chemin de la paix ! »

§ IV

Son obéissance fut si exacte et si amoureuse
à la fois qu'elle put dire avec vérité comme le
Roi Prophète : « Mon âme a brûlé en tout temps
du désir d'aimer la sainte et très juste loi. » —
« Vois comme je suis éprise d'amour pour tes
saints commandements, et fais-moi vivre selon
ta justice. » — « Et moi j'ai dit : Oh ! Seigneur,
la portion de mon héritage, c'est de garder ta
loi sainte. » — « Et je me recréerai dans tes pré-
ceptes, objet de mon amour. » — « Meilleure est
pour moi la loi qui sortit de ta bouche, que des
trésors d'or et d'argent. » Pénétrée de ces sentiments, elle accomplissait les Saintes Règles et
nous encourageait, autant par son exemple que
par ses paroles, à les pratiquer jusque dans les
moindres observances, parce que en toutes nous
devons trouver l'expression du bon plaisir de

Dieu. « La règle, nous disait-elle, est l'étoile qui vous conduira au Ciel, la colonne de feu qui vous éclairera dans les plus épaisses ténèbres. Là, où l'obéissance vous envoie, là, où il y a des âmes à sauver, vous devez vous trouver heureuses. » — Comme le lierre s'attache au chêne, ainsi une religieuse du Bon-Pasteur doit s'attacher à l'obéissance. Que votre montagne de Moria soit en tel Monastère, peu importe ; montez et vous y goûterez des torrents de délices. » — « Volez avec courage et sans examen où vous êtes envoyées et vous serez bénies du Ciel. » — « Comme la boussole qui est toujours tournée vers le Nord, tournez-vous toujours vers Rome, vers l'obéissance. »

Sur son lit d'agonie la sentinelle d'Israël veillait encore ; de là elle recommandait que les exercices de Communauté continuassent avec la même exactitude et fidélité, s'unissant en esprit à chacun d'eux, et quand la cloche sonnait elle nous faisait signe d'aller où l'obéissance nous appelait. Fidèle imitatrice de Jésus notre Rédempteur, obéissant jusqu'à la mort et à la mort de la Croix, elle meurt sur la douce croix de l'obéissance religieuse, consumée de la soif d'augmenter le nombre des âmes qui obéissent à la volonté du Père Éternel et pouvant lui dire : « Tout est accompli. » Elle avait accompli sa mission, laissant établis dans les cinq parties du monde les asiles des miséricordes du Bon-Pasteur, et semé le grain de l'abnégation et du zèle sacré. A elle sans doute le Seigneur avait dit : « Je te donnerai un nom nouveau, et ce nom sera ma volonté en toi. »

§ V

En plus des trois vœux de pauvreté, chasteté et obéissance, on fait dans cette Congrégation de Notre-Dame de Charité du Bon-Pasteur d'Angers, un quatrième vœu qui consiste selon les propres paroles des Constitutions : « A imiter autant qu'elles peuvent moyennant la divine grâce, la très ardente charité dont le très aimable Cœur de Jésus Fils de Marie, et celui de Marie Mère de Jésus sont embrasés envers les âmes créées à l'image et ressemblance de Dieu et rachetées du précieux sang de son Fils. » Ce quatrième vœu, essence de notre vocation, fut l'objet constant auquel notre Vénérée Mère Fondatrice consacra ses veilles, ses sacrifices, sa vie entière si pleine, si laborieuse et qui peut se résumer dans cette seule et divine parole : Charité ; son aspiration c'était l'amour de Dieu, sa respiration l'amour du prochain. Son œuvre contient en elle toutes les œuvres de miséricorde corporelles et spirituelles : — 1º Donner à manger à celui qui a faim, et à boire à celui qui a soif. — Au Bon-Pasteur nourrir des centaines de pauvres, c'est la tâche de chaque jour et cela sans compter avec d'autres rentes ni revenus que le produit de l'ouvrage à l'aiguille ordinairement si mal rétribué ; mais le Père Miséricordieux qui alimente les petits oiseaux, ne laisse pas manquer du nécessaire ceux qui le cherchent. — 2º Héberger le pèlerin. — L'orpheline pauvre et sans appui, la jeune fille exposée à tomber dans l'abîme, la malheureuse femme égarée trouve au Bon-Pasteur non seulement son logement mais sa propre demeure, sa maison avec tout le nécessaire. — 3º Vêtir celui qui est nu. — Le plus grand nombre des enfants et des pénitentes qui entrent dans les maisons du Bon-Pasteur échangent leurs vêtements pour d'autres propres et convenables. — 4º Visiter le malade. — Soigner charitablement dans leurs maladies ces pauvres victimes du malheur, c'est aussi la tâche ordinaire de la religieuse du Bon-Pasteur. — 5º Consoler le prisonnier. — Malgré la double barrière et les murs qui empêchent les consolations de la charité d'arriver jusqu'à la pauvre prisonnière, Notre Vénérée Mère Fondatrice pénétrera dans les prisons et elle enseignera à ses filles à quitter volontiers le doux séjour du cloître et à se faire, pour ainsi dire, prisonnières de la charité, vivant avec les criminelles, essuyant leurs larmes et les délivrant de leurs chaînes. Et la fille du Bon-Pasteur portant dans son cœur les trésors de vertus que sa mère lui enseigna fera de la prison une maison d'ordre, de labeur, de piété et de paix. — 6° Racheter le captif. — Notre Vénérée Mère Fondatrice nous disait : « Vous êtes toutes des religieuses de la Rédemption des captifs : coopérer à racheter les âmes de l'esclavage du péché, c'est là votre emploi, et c'est bien le plus beau qui soit sur la terre. » Et son immense charité sut trouver, dans sa pauvreté même, des ressources pour racheter un bon nombre de négresses, pauvres esclaves des déserts de l'Afrique et des petites païennes en Asie, et elles trouvèrent dans les maisons du Bon-Pasteur la vraie liberté du catholicisme, une éducation chrétienne et des soins maternels. — 7° Ensevelir les morts. — La charité de la fille du Bon-Pasteur n'est pas épuisée encore : après avoir soigné les malades avec le plus grand zèle et dévouement jusqu'à leur dernier soupir, leur prodiguant toutes les consolations de la religion, elle donne une honorable sépulture à celles qui meurent dans ses asiles.

Si dans les œuvres de miséricorde corporelles la Congrégation du Bon-Pasteur déploie tant de charité, quel sera son zèle et son dévouement, son abnégation dans la pratique des œuvres de miséricorde spirituelle ? — 1° Instruire les ignorants. — Faire connaître Dieu, le faire aimer, enseigner le chemin de la vérité aux âmes ignorantes, sans exception de pays, de race, sans s'arrêter devant aucune difficulté, fut la part qu'avait choisie notre Vénérée Mère Fondatrice et le riche héritage qu'elle laissa à son Institut. — 2° Reprendre ceux qui font mal. — Préserver et guérir l'âme de la lèpre du vice, c'est la fin particulière de notre quatrième vœu, celle qui exige le plus d'abnégation ; surveillance tant de nuit que de jour ; douceur et mansuétude inaltérables ; compassion et miséricorde sans bornes. — 3° Donner conseil à ceux qui en ont besoin. — Pour conduire les nombreux troupeaux que l'âge, l'inexpérience, souvent aussi les mauvaises tendances et les malheureux antécédents conduiraient à leur ruine, il faut les maintenir sous la suave pression de prudents conseils et d'une sage direction que la charité seule peut inspirer. Et beaucoup de celles qui ont quitté nos maisons reviennent y chercher des conseils pour les soutenir au milieu des périls du monde. — 4° Consoler les affligés. — Entre tant d'âmes que le Bon-Pasteur accueille dans ses bercails l'occasion de consoler les affligés se présente souvent et cette consolation ne se donne pas avec de bonnes paroles seulement ; il faut de tout cœur prendre part à leurs peines et s'imposer des sacrifices pour obtenir que Dieu leur donnant part à sa grâce, leur accorde la paix et la joie. — 5° Souffrir patiemment les injures et les défauts d'autrui. — Dans ces asiles où tant de misères doivent trouver remède, il faut savoir supporter tout ce qu'il y a de plus désagréable et répugnant à la nature, pour cela on a besoin d'une patience à toute épreuve autant de nuit que de jour : patience universelle, héroïque, tel doit être le caractère distinctif de la religieuse du Bon-Pasteur selon l'esprit de son Institut et les exemples et les leçons de sa Fondatrice. — 6° Pardonner de bon cœur les offenses. En raison même de l'œuvre qui est la fin principale de la Congrégation il faut s'attendre à souffrir bien des contradictions, et même des persécutions ; plus d'une fois en retour de constants et désintéressés bienfaits on ne reçoit que des offenses et de l'ingratitude. Pour le cœur si grand, si noble, si magnanime, si profondément chrétien de notre Vénérée Mère Fondatrice, peu de jouissances égalèrent celle de rendre le bien pour le mal et de faire des faveurs signalées à ceux qui l'avaient offensée ; et, à l'imitation de Jésus, son divin modèle, elle n'eut jamais dans son cœur que des sentiments de miséricorde et sur ses lèvres que des paroles de paix et des bénédictions pour ses persécuteurs. — 7° Prier pour les vivants et pour les morts. — La prière, partie essentielle de la vie de cette Congrégation, s'étend à tous sans exception ; les âmes du Purgatoire y ont une large part des suffrages quotidiens. La charité de notre Vénérée Mère lui faisait souvent prendre sur le repos de la nuit pour obtenir par ses prières le soulagement des âmes détenues dans les tourments, et privées de la vue de Dieu. Elle priait aussi avec une indicible ferveur pour la Sainte Eglise, pour le Vicaire de Jésus-Christ et implorait de la Divine Miséricorde pardon pour les pécheurs. Cette sublime charité qui renferme notre quatrième vœu, notre Vénérée Mère Fondatrice la pratiqua avec délices de son âme jusqu'au dernier souffle de sa vie. Elle nous a toujours exhortées à l'accomplir fidèlement. Ses dernières et plus tendres recommandations avant de mourir portèrent sur le soin du troupeau, la sollicitude maternelle pour pourvoir à toutes ses nécessités spirituelles et corporelles. soutenir cet Institut sacré qui devait gagner tant d'âmes à Dieu. Voici à ce sujet quelques-unes de ses paroles. « Mes filles bien-aimées, la fin particulière de notre Institut c'est la charité, charité qui doit nous pousser à marcher sur les traces du Divin Pasteur, allant à la recherche des pauvres brebis qui se sont éloignées du bercail. Oh ! que nous serions indignes du titre de coopératrices du Divin Sauveur, si nous n'étions pas animées d'une charité sans bornes envers les âmes, particulièrement envers nos pauvres pénitentes. Elles nous donnent le doux nom de mères, il est nécessaire que nous le soyons selon la grâce et l'amour du Seigneur; c'est à nous de coopérer à leur régénération spirituelle et de travailler à faire revivre en elles la vie divine de la grâce. Que notre vocation est donc belle et sublime !... » — « Que de fois la piété de ces âmes qui reviennent à Dieu et se convertissent sincèrement, a touché nos cœurs jusqu'à nous faire répandre des larmes ! J'ai vu une d'elles rester en oraison deux ou trois heures de suite dans un parfait recueillement, une autre me parut ne plus commettre aucune faute volontaire. Quatre Madeleines de peur de manquer de fidélité à Dieu demandèrent la grâce de mourir; ce qu'elles obtinrent, car elles furent bientôt appelées au Ciel. Les bonnes et ferventes dispositions dans lesquelles meurent nos pénitentes nous encouragent et fortifient pour continuer notre chemin sans nous arrêter devant aucun obstacle. Et quelle consolation quand nous leur fermons les yeux de penser que dans l'éternité elles les ouvriront aux clartés du Ciel ! » — « Si vous n'aviez pas, mes chères filles, un local suffisant pour recevoir toutes les pauvres pénitentes qui viennent frapper à la porte, suppliez les Anges de venir reculer les murs pour qu'aucune de ces chères brebis du Bon Pasteur ne reste sans entrer au bercail. J'ai promis à Dieu de ne refuser jamais l'entrée à aucune pénitente. Oh ! oui, oui, je les aime de toutes les forces de mon âme ! » — « Notre devise doit être le zèle, et ce zèle doit embrasser le monde entier. — Consacrons-nous entièrement au salut des âmes ; soyons disposées à sacrifier pour elles notre vie, et nous glorifierons ainsi les Sacrés Cœurs de Jésus et de Marie. — Qu'elle est bien remplie la vie d'une religieuse du Bon-Pasteur qui aime ardemment sa vocation, qui chaque jour s'offre à Dieu comme une hostie vivante pour les âmes et ne s'occupe que de ce qui est agréable à Dieu ! Elle peut dire avec l'Apôtre : « Je vis, mais ce n'est pas moi qui vis, c'est Jésus-Christ qui vit en moi. » — Mes chères filles, le Seigneur dans sa miséricorde vous a choisies et vous a donné la plus sublime vocation, montrez-lui votre reconnaissance, ne cessant jamais de prier, de combattre et de souffrir, pour soutenir cette vocation d'amour. Aimez, oui aimez votre vocation parce que cet amour saint, ardent et généreux vous communiquera une force qui vous fera surmonter tous les obstacles. Cet amour éclaire, féconde et fait germer dans l'âme toutes les vertus ; il s'établit

alors entre Dieu et elle une sainte communication que les Anges contemplent avec admiration et qui fait, pour ainsi dire, d'un Monastère
un autre Thabor, un Ciel anticipé. Et nous ne
baiserons pas avec délices les précieuses chaînes
de nos saints vœux ? Nous ne supplierons pas le
Très-Haut de resserrer de plus en plus et d'éter-
niser ces liens sacrés ? Oh ! que ni le fer, ni le
feu puisse jamais nous faire manquer à nos
saints Vœux ! Portez avec joie ce joug suave, et
n'oubliez jamais l'alliance que vous avez faite
avec le Seigneur notre Dieu ! L'épouse sacrée
est liée par un cheveu, la religieuse par l'oraison,
la mortification et l'abnégation doit consolider
ses vœux, et faire de son cœur une solitude et
un tabernacle pour Dieu. »

§ VI

La lumière surnaturelle dont le Seigneur
l'éclairait, en même temps qu'elle lui faisait voir
la beauté des vœux religieux, lui découvrait
toute l'étendue des obligations qu'ils imposent
et lui faisait dire que quand elle aurait parlé
pendant trente ans, exhortant ses filles à leur
fidèle accomplissement et n'eût avec cela évité

qu'une seule infidélité contre eux, elle ne croirait pas ses paroles perdues. Avec cette même lumière elle nous préparait au renouvellement annuel de nos saints vœux, qui se fait solennellement en honneur de la Très Sainte Vierge le jour de sa Présentation au temple et qui est précédé d'un triduum ; au renouvellement qui se fait chaque mois en particulier, nous faisant méditer attentivement chaque parole de nos saintes constitutions sur ces actes si dignes de révérence, nous stimulant à imiter les saints qui eurent la dévotion de renouveler fréquemment leurs saints vœux. — « Faites ces actes, nous disait-elle, avec toute la ferveur de votre âme ; ils sont si utiles pour nous rappeler nos saints engagements, pour graver de plus en plus leur souvenir en nos cœurs ; pour nous affermir dans nos bonnes résolutions ; pour effacer par l'ardeur de la charité qui doit les accompagner une multitude d'imperfections et de fautes que la légèreté, l'inadvertance ou une distraction auraient pu nous faire commettre ! Pour que ces fréquents renouvellements soient plus efficaces et plus agréables au Seigneur, répétons les paroles de notre consécration en union avec la Très Sainte Vierge et offrant à Dieu la sienne qui fut si parfaite. »

Ces vœux sacrés qu'elle pratiquait avec une si amoureuse fidélité, qu'elle renouvelait toujours avec plus de ferveur, elle les renouvela à haute voix en présence de la Sainte Hostie avant de la recevoir en viatique et avec une dévotion si angélique que la Communauté resta pénétrée de sainte édification.

CHAPITRE VI

Son Humilité

§ I

L'humilité, fondement de toutes les autres vertus, était profondément enracinée dans l'âme de notre Vénérée Mère Fondatrice, et cette vertu produisait son inébranlable confiance en Dieu, dont elle espérait tout, se défiant complètement d'elle-même. Dans l'accomplissement de la noble mission que Dieu lui confia, elle ne se considéra jamais que comme l'indigne exécutrice des volontés du Seigneur. Comblée des dons les plus précieux aux yeux de l'âme chrétienne et religieuse : les bénédictions du Vicaire de Jésus-Christ, celles d'Éminentissimes Cardinaux et de grands Prélats de l'Église, elle les recevait avec la plus humble reconnaissance, exaltant la bonté du Seigneur qu'elle voyait en ses représentants.

Quand Monseigneur Regnier, alors Vicaire

Général d'Angers, fit part à notre Communauté d'Angers du Décret apostolique de l'érection du Généralat, il dit : « Je viens vous annoncer une grande grâce ; mais gardez-vous de vous en enorgueillir. » Une des religieuses, se levant spontanément, répondit avec une respectueuse dignité : « Monsieur le Grand Vicaire, cette même Mère qui nous apprit à ne pas nous laisser abattre par l'adversité, nous a aussi appris à ne pas nous élever dans la prospérité. » Treize lettres avaient été écrites à Rome contre notre Mère; on lui conseillait de s'en justifier ; mais après avoir consulté Dieu, son unique soutien, elle préféra se taire et s'abandonner entièrement à la divine Providence ; elle excusait ses accusateurs, disant qu'en agissant ainsi ils étaient persuadés d'accomplir leur devoir. Dieu bénit l'humilité de sa servante. Un jour, le Pape Grégoire XVI demandait au Cardinal de Grégorio combien de lettres on avait écrites contre la Mère Marie de Sainte Euphrasie. — « Treize, Très Saint Père, répondit le Cardinal. » — « Et que dit-elle contre ses accusateurs ? poursuivit le Saint Père. » — « Rien, répondit le Cardinal. » — « Alors, répondit le Saint Père, la vérité est de son côté. » Sa Sainteté résolut alors de reconnaître le Généralat par un Bref qu'Elle fit dresser aussitôt.

Notre Mère Marie de Sainte Euphrasie qui

avait tant travaillé, tant souffert et tant prié
pour ce Généralat, voyait enfin tous ses vœux
couronnés ! C'est après Dieu, à son zèle énergique que nous devons ce succès, ce fut elle qui
en tout donna l'initiative, par ce don qu'elle
avait de subjuguer les cœurs pour les intérêts
de la gloire de Dieu. Bien loin d'avoir eu en vue
d'être à la tête d'une Congrégation, comme on
l'en accusait, nous avons eu constamment des
preuves de sa pureté d'intention et de son humilité qui lui fit dire tant de fois : « Je suis si persuadée, mes chères filles, que tout ce qui s'est
fait dans la Congrégation n'est pas de moi, que
je n'ai jamais eu à me reprocher un seul sentiment d'orgueil à ce sujet. C'est vous qui avez
tout fait, car qu'aurais-je pu faire toute seule? »
Il est bien vrai que ses filles lui étaient d'un
dévouement sans bornes, mais il faut dire aussi
que c'est son âme ardente qui leur donnait
l'élan, leur inspirait cette passion, s'il est permis de nous exprimer ainsi, pour la gloire de
Dieu et le salut des âmes qu'elle avait à un si
haut degré.

Honorée par les princes et par les puissants
de la terre, elle voulait toujours se rendre plus
petite à ses propres yeux. Allant visiter notre
Monastère royal de Munich, elle fut reçue, dès
la gare du chemin de fer, avec une pompe et
une somptuosité vraiment royales. Notre Mère,

avec une humble simplicité, disait : « Cela ne peut être que pour honorer la très sainte Vierge en la personne de son humble petite esclave. » On pouvait sans danger la louer en sa présence et même faire son panégyrique, rien ne paraissait se rapporter à sa personne, rien ne la tirait de son profond anéantissement. Un jour que deux illustres Prélats faisaient leurs adieux à notre nombreuse Communauté d'Angers, ils dirent à un jeune gentilhomme qui les accompagnait, de demander la bénédiction de cette sainte Mère qui lui attirerait des grâces du Ciel; nous vîmes alors le noble jeune homme s'agenouiller avec grand respect et, joignant les mains, demander à notre Vénérée Mère sa bénédiction, qu'elle lui donna avec une humilité séraphique.

§ II

Les persécutions que l'enfer seul put lui susciter furent proportionnées à la gloire et à l'honneur que lui rendirent plus tard ceux qui rendirent justice à son mérite et à sa vertu : contradiction à la plupart de ses bienfaisantes entreprises, malveillantes interprétations de ses intentions les plus pures, désapprobation de ses œuvres, reproches de la part des per sonnes qu'elle n'avait fait qu'honorer et servir, telle fut l'épreuve par laquelle elle passa durant de longues années. Et que d'épines si poignantes pour son cœur si noble, si droit, si sensible, si tendre, si rempli d'exquise délicatesse envers tous ! Cette cruelle souffrance, notre Mère la supporta avec une humilité, une patience, une mansuétude qui ne se démentit jamais. Dans ce flux et reflux d'honneurs et d'humiliations, elle croissait en humilité autant qu'en confiance et en amour pour Dieu, et elle disait : « Quand nous sommes sous le coup de l'humiliation et de la contradiction, nous nous approchons de Dieu avec plus de consolation. Nous avons besoin de croix et d'humiliations; si elles nous manquent nous mourons; aucune œuvre ne se fera sans humilité et sans souffrance. »

§ III

En l'année 1842, parlant du prodigieux développement que devait prendre notre Congrégation, notre Mère disait : « Sur la croix de l'humilité et de l'indigence s'élèveront beaucoup de Maisons, dont plusieurs seront un jour très belles et florissantes. Quand et comment ? Je ne le sais pas ; tout ce que je sais, c'est que cela arrivera ainsi. Une de celles que j'entrevois ne nous promet que persécutions, humiliations, souffrances, pauvreté extrême ; mais en échange il y a des protestantes à instruire, à convertir, beaucoup d'âmes à sauver ; et cette maison est celle que je désire le plus, celle qui excite davantage mon ambition. »

Que de fois notre Mère nous disait : « Ne craignez pas, mes chères filles, d'être trop humbles, nos modèles sont Jésus et Marie, et jamais nous n'arriverons à imiter parfaitement leur humilité. Qui d'entre nous n'a eu pour berceau qu'une étable et n'a vécu comme eux que dans l'humiliation et le mépris ? »

« Au Tabernacle, Jésus continue sa vie d'humiliation, nous enseignant toute la sublimité de cette vertu. Quand abattue par l'humiliation, l'âme va chercher près de lui la force qui lui manque, il la fortifie, lui faisant goûter l'onction de la croix, et son Cœur sacré lui répète cette divine leçon : « Apprenez de moi que je suis « doux et humble de cœur. » Il lui enseignera aussi que « l'humilité est la clef de tous les tré- « sors de son cœur, et qu'avec l'humilité on tra- « vaille au salut des âmes. » Oh !... mes chères filles, si vous étiez véritablement humbles, vous seriez des religieuses précieuses, vous seriez des religieuses d'or et d'argent ! — Si nos saintes règles n'exigent pas de nous de grandes austé-

rités, elles nous imposent, en échange, l'obligation d'être véritablement humbles. Je désirerais
que notre Constitution sur l'humilité fût écrite
en gros caractères sur les murs de nos maisons
et gravée avec le burin de l'amour divin dans
le fond de nos cœurs, parce que l'observant
fidèlement nous n'aurions rien à craindre ni
pour le temps, ni pour l'éternité, et avec l'humilité seule, sans pratiquer d'autres austérités
que celles prescrites par la règle, vous pouvez
faire de grands progrès dans la sainteté. Plaise
à Dieu que nous puissions dire en tout temps,
avec le Roi prophète : « Vous savez, Seigneur,
« que dans les heureux succès, mon cœur ne
« s'est point enflé d'orgueil, ni que mes yeux ne
« se sont point élevés avec fierté. » Établissez-
vous donc fermement, mes chères filles, en la
vraie humilité, parce que les orgueilleux tombent comme les feuilles sèches. — Notre divin
Sauveur a dit : « Celui qui s'élève sera abaissé,
« et celui qui s'abaisse sera élevé. » L'orgueilleux édifie sa demeure sur le sable, et l'humble
sur la pierre ferme que ni la persécution, ni la
calomnie ne peuvent ébranler. — Une de nos
sœurs, qui aujourd'hui se trouve en de grandes
peines, m'écrit : « Oh ! ma Mère, je suis disposée
« à souffrir l'opprobre et à être crucifiée, pourvu
« que les œuvres de la Congrégation prospèrent,
« cela suffit à mon bonheur. » Une autre, qui

n'aurait pas d'humilité, ne craindrait pas de compromettre une maison et même la Congrégation pour défendre sa chère personne. Pour moi, je préférerais voir les démons se promener dans nos cloîtres plutôt que d'y rencontrer des religieuses orgueilleuses ; les démons seraient au moins connus pour tels, au lieu que deux ou trois religieuses orgueilleuses suffiraient pour semer la discorde dans une Communauté. — Le Sage dit : « Il y a toujours des querelles « entre les orgueilleux. » Je vous en prie, mes chères filles, ne soyez pas des saintes *nitouches,* qu'on ne peut toucher qu'avec des gants. Il est incroyable jusqu'à quel point l'orgueil aveugle les pauvres mortels et les rend parfois ridicules. Une personne, que son supérieur reprenait d'une faute, répondit : « Je me couvre avec le « manteau de mon humilité. » A quoi le supé rieur reprit : « Je crois que vous pourrez bien « porter votre manteau même dans la canicule, « sans danger qu'il vous suffoque. » Rien de plus difficile à trouver dans les âmes que la vraie humilité, cette vertu étant si contraire à notre nature dégradée, dès le premier péché ; et cependant, prétendre arriver à la perfection sans commencer par se fonder dans l'humilité, c'est vouloir élever un édifice dans les airs. C'est faute d'humilité qu'il y a malheureusement si peu de vertu solide, si peu de piété sincère.

L'humilité doit être la première vertu d'une religieuse du Bon-Pasteur. Sans humilité il est impossible de fonder une maison ni même de bien diriger une classe d'enfants, et moins encore une classe de pénitentes ; car il faut être humble pour attirer sur soi et sur elles les grâces du Cœur de Jésus. Imitez la mansuétude de ce Cœur Sacré, supportant humblement toutes les occasions de souffrir que vous trouverez dans l'exercice de notre quatrième vœu ; quand j'étais maîtresse des pénitentes, je fis l'expérience que plus elles étaient dures de caractère, plus elles étaient brusques et ignorantes, plus il fallait user envers elles de douceur, de bonté et de délicatesse pour les gagner à Dieu. — Que l'humilité ramène en nous la charité, et au lieu de mépriser ces pauvres victimes du péché, pensons, comme dit saint Augustin, qu'il n'y a pas de crime si grand qu'il soit qu'un autre ait commis, que nous ne puissions commettre aussi si la grâce de Dieu ne nous soutient. A la miséricorde de Dieu seulement, nous devons de n'être pas née parmi les idolâtres ou les protestantes, et d'avoir eu de bons parents qui nous donnèrent une éducation chrétienne et pieuse. Remercions Dieu avec humble reconnaissance de ce grand bienfait et de celui de notre vocation. A l'heure de la mort, que de consolation cause la vie humble et sacrifiée ! — Je l'ai vu aussi dans nos sœurs que j'ai accompagnées jusque dans leurs derniers moments. — A l'une d'elles, qui avait beaucoup souffert et qui avec grande humilité disait toujours : « C'est ma « faute ! » Je demandai si elle était contente, et remarquant en elle une grande joie, je lui demandai aussi ce qu'elle voyait, et elle me dit simplement : « je vois sainte Philomène, » et avec dévotion elle répéta plus de cent fois les très saints noms de Jésus et de Marie, et son dernier soupir fut un effort pour prononcer une fois de plus ces noms sacrés. Si dès cette vie Dieu récompense ainsi les âmes humbles, quelle récompense leur donnera-t-Il au Ciel ? Aimons donc l'humilité et la vie cachée et méditons ces paroles de l'Apôtre : « Ma vie est cachée en « Dieu, avec Jésus-Christ. » Jamais, mes chères filles, nous ne sommes si pleines de vie que lorsque nous sommes cachées en Dieu et comme mortes aux yeux du monde. »

§ IV

A ces exhortations, notre si humble Mère Fondatrice joignait ses constants exemples. Arrivée à la fin de sa sainte vie, au moment de recevoir le Saint Viatique, elle fait signe qu'elle veut parler, et dans les termes les plus humbles et les expressions les plus *touchantes*, elle demande pardon à toute la Congrégation du mauvais *exemple* qu'elle lui a donné et de l'avoir si mal servie.

Un autre jour, elle disait : « Oh ! que le Ciel est beau ! Je vois Notre-Seigneur Jésus-Christ abreuvant les élus d'un torrent de délices. » — « Mon âme est submergée dans un océan de paix. » — « J'espère que Notre-Seigneur me fera miséricorde à cause de notre quatrième vœu. » — Ainsi termina son existence celle qui avec tant de bonheur se nommait la petite esclave de Marie. — Et après avoir combattu le bon combat, son humilité lui fait espérer non la couronne de justice, mais la couronne de la miséricorde...

CHAPITRE VII

Sa Reconnaissance

§ I

Nos Saintes Constitutions disent : « Les âmes humbles sont pleines de reconnaissance. » Elles auront une dévotion spéciale à la vertu de gratitude, et useront d'une grande reconnaissance envers leurs Fondateurs et Bienfaiteurs, et envers tous leurs amis, leur portant beaucoup de respect. Avec quelle perfection Notre Vénérée Mère Fondatrice n'accomplit-elle pas ce précepte ! Profondément humble et persuadée qu'elle ne méritait rien, la reconnaissance débordait de son cœur pour le moindre bienfait, pour la plus petite attention. L'immense gratitude qu'elle portait aux Fondateurs et aux Bienfaiteurs de la Congrégation est en partie exprimée dans ces paroles qu'elle adressait à ses filles, pour graver dans leurs cœurs les sentiments de reconnaissance qui remplissaient le sien : « Après Dieu, après la Très Sainte Vierge et la Sainte Église, qui vous ont couvertes de leur protection, à qui devez-vous, mes chères filles, plus de reconnaissance ?

« Aucune de vous n'oubliera le nom de notre

Vénérable Instituteur , le Père Jean Eudes. L'hymne de votre reconnaissance montera sans cesse vers le ciel pour remercier Dieu d'avoir inspiré à ce bon Père la création de notre Institut, un des chefs d'œuvre de zèle pour le salut des âmes. Vous devez savoir tous les commencements de cet Institut fondé par le Père Eudes.

« Vous n'oublierez jamais, mes chères filles, que la faveur insigne que nous avons d'être érigées en Généralat nous fut accordée par Notre Saint Père le Pape Grégoire XVI, qui nous fit expédier le Décret d'érection en l'année 1835.

« Vous saurez toujours que le saint cardinal Odescalchi nous fut alors donné pour Protecteur à Rome, et que lorsqu'il quitta la pourpre pour entrer dans la compagnie de Jésus, le cardinal Della Porta lui succéda, et ensuite S. E. le cardinal Patrizzi.

« Vous ferez vivre dans votre mémoire le nom de l'auguste Pie IX, qui nous a donné tant de preuves de bonté. Vous prononcerez toujours avec une respectueuse reconnaissance ce nom vénéré et béni.

« Pourriez-vous oublier Mgr Charles Montault, évêque d'Angers, qui s'est occupé non seulement de la fondation de cette maison, mais qui a tant travaillé pour l'établissement du Généralat ?

« Vous savez aussi que nous devons beaucoup

au R. Père Vaures, pénitencier français à Rome,
qui s'est employé de tout son pouvoir pour
l'érection du Généralat.

« Nous écrirons dans nos Annales les bienfaits de la Cour Romaine.

« Nous écrirons aussi le nom de M. le comte
Augustin de la Potherie de Neuville [1], qui a
vendu le château de ses pères et s'est fait pauvre
pour élever cette Maison d'Angers. Il faudrait

[1] Monsieur le comte Augustin Le Roy de la Potherie de
Neuville était un chrétien exemplaire. A l'âge de 21 ans
il fit vœu de chasteté et de réciter tous les jours l'office de
l'Immaculée Conception. Il passait en oraison de minuit
à une heure du matin, méditant les abaissements du Verbe
Incarné. C'est pendant ces longues veilles que son âme
recevait de si vives lumières sur les destinées de la
Congrégation du Bon-Pasteur d'Angers.

Il fallut toute l'autorité de Mgr l'Évêque Charles Montault
pour lui faire franchir la clôture. Presque toujours avant
de se faire annoncer il passait une demi-heure à l'église
extérieure ; notre Mère Fondatrice allait le recevoir en
cérémonie, accompagnée de ses assistantes générales ou de
quelques religieuses. Avant de monter à la salle de Communauté, Monsieur le Comte avançait vers la statue de la
Très Sainte Vierge en disant aimablement : « Permettez au
Chevalier de Marie d'aller saluer sa Dame ; » d'autres fois il
l'appelait sa Reine. Un jour il lui dit à demi voix : « Votre
serviteur n'a plus rien à donner aux filles de votre cœur.
Oh ! vous qui êtes riche, faites pleuvoir sur elles une pluie
d'or et de grâces spirituelles. »

Quand il parlait de Dieu, ce qu'il faisait souvent, on
sentait que sa parole découlait d'un cœur rempli de son
saint amour.

M. de Neuville est décédé le 4 décembre 1843, aussi
pieusement qu'il avait vécu.

que ce nom vénéré fût écrit à chaque porte de la maison, à chaque arbre de notre enclos. Quelle langue serait jamais capable de raconter fidèlement ses libéralités ! Le cours de ses bienfaits envers nous ne cessa jamais. Il se réduisit à vivre si pauvrement, que lorsqu'il fut malade les personnes qui le visitèrent demeurèrent émues jusqu'aux larmes.

« Eh bien, mes chères filles, cet homme généreux jusqu'à l'héroïsme, disait toujours qu'il n'avait rien fait !...

« La Mère prieure d'une de nos maisons de Rome obtint du Souverain Pontife, pour la fête de ce vénéré Père, une indulgence plénière *In articulo mortis,* dont il pouvait disposer aussi en faveur de plusieurs membres de sa famille, à son choix. « Jamais, disait ce bon Père, je n'ai éprouvé tant de consolation dans ma vie. Qui a inspiré à une femme, à une Religieuse, cette belle pensée ? »

« On pouvait donc lui répondre que la Religieuse avait été inspirée par la reconnaissance.

« Nous écrirons le nom de Mme la comtesse d'Andigné de Villequier qui a soutenu cette Maison d'Angers de ses libéralités et de sa bienveillante affection. Ah ! que n'a-t-elle pas fait pour nous cette digne et pieuse bienfaitrice !

« Nous écrirons les noms de nos deux Sœurs Assistantes générales Marie Chantal de Jésus

Cesbron de la Roche et Marie-Thérèse de Jésus de Couëspel, qui se sont dépouillées de leurs biens et nous ont édifiées par leur régularité et leur dévouement. Serait-il possible qu'avec le temps, vînt à s'effacer le souvenir de tous ces noms vénérés ? Non, je ne puis le croire.

« Mes chères filles, il faut que nous mettions tout par écrit. Je ne saurais aussi trop recommander à chacun de nos Monastères de rédiger ses Annales avec soin. Les circulaires annuelles serviront pour la continuation de notre histoire ; elles seront un chant nouveau qui s'élèvera de toutes nos tribus à la gloire de Dieu.

« Priez fréquemment, mes chères filles, pour tous vos bienfaiteurs, soit spirituels, soit temporels ; faites exactement pour eux les communions prescrites par notre sainte Règle, suppliez Notre-Seigneur de leur accorder tout ce dont ils ont besoin et tout ce qu'ils désirent. Imitez la simplicité de ce bon Religieux Franciscain, appelé Frère Gilles, qui, s'adressant à la Sainte Vierge, lui disait avec une grande dévotion : « Ma bonne Mère, accordez à nos bienfaiteurs « ce qu'ils vous demandent ; montrez que vous « aimez ceux qui nous font du bien en votre « nom, autrement ils ne nous apporteront plus « de cierges pour brûler devant votre image, et « alors comment ferons-nous pour en avoir ? »

« Dites tous les jours avec une attention particulière ces paroles de l'*Oremus* de l'office : *Be-*

nefactoribus nostris sempiterna bona retribue.
Seigneur, récompensez nos bienfaiteurs en leur
donnant les biens éternels. » De même, après
avoir pris votre nourriture : « *Retribuere digna-
re, Domine*, etc. Daignez, Seigneur, accorder à
tous ceux qui nous font du bien à cause de votre
nom, la récompense de la vie éternelle. » Dites
aussi avec attention le *De Profundis* que nous
récitons ensemble pour nos bienfaiteurs, chaque
fois que nous sortons du réfectoire.

« Le sentiment de la reconnaissance enfante
les pensées grandes et nobles. L'ingratitude est
abominable ! Je la crains plus que toute autre
chose. De grâce, mes chères filles, gardez-vous
bien d'être ingrates. Faites en sorte, au contraire,
que la reconnaissance donne une double vie à
vos bonnes actions.

« La plus simple définition que l'on puisse
donner de la reconnaissance, est celle qui s'exprime par ces paroles : « La reconnaissance est
la mémoire du cœur. » Un cœur qui n'a point
de mémoire, qui ne sait pas garder un souvenir,
est un pauvre cœur.

« On dit de la Séraphique du Carmel que
c'était la femme la plus reconnaissante du
monde ; cette vertu fut un des caractères distinc-
tifs de sa sublime sainteté. Elle-même avec une
très grande humilité, écrivait à ses filles : « La
« gratitude en moi n'est pas une vertu, mais
« un instinct naturel. En vérité je suis ainsi

« faite, qu'il suffit que quelqu'un me donne une
« sardine pour que je sente envers les donateurs
« une affectueuse reconnaissance. »

Une action de la reconnaissance de Notre
Mère Fondatrice envers notre grand bienfaiteur
M. de Neuville fut la suivante : Louis, un de ses
serviteurs, étant devenu infirme, on devait le
placer à l'hôpital ; quand notre Mère entendit
cela elle dit à M. de Neuville : « *Non, mon bon
Père, il n'ira pas à l'hôpital, il vous a trop
fidèlement servi et a été trop fidèlement dé-
voué au Bon-Pasteur. Nous avons à l'extérieur une chambre toute préparée pour lui,
il n'aura qu'un pas à faire pour aller à
l'église et puis il verra plus souvent son bon
maître.* » Les larmes montèrent aux yeux de
M. de Neuville et il dit combien il était satisfait
de cet arrangement. Louis vécut encore quelque
temps entouré des soins que notre Mère lui faisait donner et avait la consolation de voir que
son noble maître passait des heures près de lui.

§ II

Tous les Fondateurs et Bienfaiteurs des maisons de la Congrégation acquéraient un titre
particulier à sa reconnaissance ; ils avaient une
place dans son cœur qui leur donnait large part
dans ses souvenirs et surtout dans ses prières.
En toutes circonstances, c'était pour elle un

bonheur de leur manifester ses sentiments de gratitude.

Il serait impossible d'exprimer la reconnaissance dont son cœur était inondé en recevant, dans sa dernière maladie, les grandes démonstrations de la particulière bienveillance de l'auguste personne du Souverain Pontife Pie IX, de Son Éminence le cardinal Patrizzi, notre Protecteur, et de nos Seigneurs les Cardinaux Archevêques de Cambrai, de Westminster, de Monseigneur l'Archevêque d'Aix, des Évêques d'Orléans, d'Arras, de Poitiers et du Révérendissime Dom Guéranger, Abbé de Solesmes. La veille de sa mort, elle faisait dire à Monseigneur l'Archevêque de Santiago qu'elle se recommandait à ses saintes prières, et lui garderait une éternelle gratitude.

Nous étions émues de l'humilité avec laquelle elle nous remerciait de tout ce qu'on faisait pour elle : les prières, les larmes de toutes, les plus petits soins, les lettres qui arrivaient de toutes parts ; et quand on lui disait que nos pénitentes priaient pour elle, elle répondait : « Quelle consolation de savoir que ces pauvres enfants prient pour moi. Allez les remercier. »

Comme on la plaignait de ce qu'elle ne pouvait prendre que de l'eau, elle répondait : « Saint François Xavier sur sa plage, n'avait pas à boire de si bonne eau fraîche. »

La vertu de reconnaissance était si caractéristique en notre Vénérée Mère Fondatrice, qu'elle lui faisait dire : « La gratitude fait mon martyre. » On peut dire que cette vertu ne finit pas avec sa vie, mais qu'elle l'emporta dans l'éternité.

Nous l'avons dit, mais nous le redirons encore, nous le redirons toujours : la reconnaissance caractérisait tout particulièrement notre Vénérée Mère Fondatrice, aussi ne laissait-elle passer aucune occasion sans en donner des témoignages à nos illustres Bienfaiteurs. Tous les jours elle écrivait à M. de Neuville pour le mettre au courant de ce qui pouvait l'intéresser : l'entrée d'une postulante, une brebis qui revenait au bercail, etc. Sa Charité nous a souvent répété qu'elle regardait la gratitude comme un devoir sacré.

C'est ce sentiment de reconnaissance qui lui fit proposer à la Communauté les engagements suivants, qui furent inscrits de la sorte au livre du Chapitre :

FONDATION DE MESSES A PERPÉTUITÉ

pour

M. DE NEUVILLE ET Mme D'ANDIGNÉ

Vive Jésus et Marie

La Mère Supérieure Générale et les Religieuses de Notre-Dame de Charité du Bon-Pasteur étant assemblées en Conseil, au son de la cloche, comme il leur est marqué, ont, à l'occasion des grands et incomparables bienfaits de M. de Neuville, dressé l'acte suivant dans notre Monastère d'Angers, le 1ᵉʳ novembre de l'an de Jésus-Christ 1836.

ACTE DE CHAPITRE

La Communauté s'engage à faire dire *douze Messes par an*, à perpétuité, pour M. le Comte Augustin DE NEUVILLE, sans déroger à ce que nous avons intention de faire plus tard.

Vive Jésus et Marie

La Mère Supérieure Générale et les Religieuses de Notre-Dame de Charité du Bon-Pasteur assemblées en Conseil, au son de la cloche, comme il leur est marqué, ont, à l'occasion des bienfaits de Mᵐᵉ d'Andigné, dressé l'acte suivant, le 13 novembre de l'an de Jésus-Christ 1836.

ACTE DE CHAPITRE

La Communauté s'engage à faire dire *une Messe par mois* à perpétuité pour Mᵐᵉ la Comtesse d'ANDIGNÉ, notre digne Bienfaitrice *(après sa mort)* et à élever aussi à perpétuité deux orphelines à la même intention.

Les an et jour susdits.

A notre Monastère Général d'Angers.

Notre Très Honorée Mère Marie de Sainte Euphrasie en nous parlant plus tard de cette *Fondation de Messes,* nous faisait remarquer avec une reconnaissance plus grande encore envers nos nobles Bienfaiteurs, que ni M. de Neuville, ni Mme d'Andigné n'avaient demandé de messes après leur mort.

Et nous trouvons dans notre Directoire du Chœur, imprimé à Angers en 1846 avec les approbations nécessaires, ce qui suit : « Décembre, le 4. L'on célébrera à perpétuité dans la Maison-Mère d'Angers un service solennel pour le repos de l'âme de M. le comte Le Roy de la Potherie de Neuville, notre illustre fondateur, et sa famille : de plus, cinquante messes seront dites tous les ans à cette intention.

« Dans le même Monastère on dira l'office des morts à trois nocturnes. Dans les fondations on ne dira qu'un nocturne. »

Notre Vénérée Mère désirait ardemment laisser à la postérité la biographie de M. de Neuville comme un monument de sa reconnaissance. A cette fin elle s'adressa à M. le comte de Quatrebarbes lui disant : « *Monsieur le Comte, vous avez fait de grandes choses, pour le Saint Siège, pour la Patrie, vous avez écrit des pages magnifiques sur l'Anjou ; maintenant, écrivez, nous vous en prions, écrivez la biographie de votre vénérable parent M. de Neuville, notre saint fondateur.* » M. de Quatrebarbes lui répondit : « Madame, ce que vous me demandez m'est impossible ; mon cousin vivait d'une vie si intérieure, si retirée ; ses saintes œuvres étaient tellement cachées que dans la famille on ne sait presque rien de ses actes. On sait qu'il a été généreux envers les Trappistes et les Trappistines. La fondation du Bon-Pasteur est un monument qui honorera toujours sa mémoire et restera un honneur pour notre famille. Pour moi et pour Mme de Quatrebarbes nous sommes heureux qu'il ait si bien employé sa fortune. Et chaque fois que vous m'annoncez la fondation d'une nouvelle maison de votre Institut je m'en réjouis pour le bien des âmes et aussi parce qu'elle augmente la gloire virtuelle de mon cousin. »

Ce furent les paroles du vaillant Gouverneur d'Ancone pour qui notre vénérée Mère Fondatrice conserva toujours, ainsi que pour Mme la comtesse de Quatrebarbes, la plus sincère amitié.

CHAPITRE VIII

Son intime union avec Dieu

§ 1

L'objet habituel de sa contemplation, c'était
la Très Sainte Trinité, l'adoration et la louange
de ses divins attributs et de ses perfections ;
son âme était toute pénétrée de Dieu, et comme
abîmée dans l'océan infini de la Divinité : Dieu
le Père bénissait sa mémoire ; Dieu le Fils
bénissait son intelligence, et l'Esprit - Saint
bénissait sa volonté et de là elle sortait répan-
dant sur toute sa Congrégation la force, la
lumière et l'amour dont elle était remplie. Il
n'y avait rien qui pût retirer son âme de cette
intime union avec Dieu, ni personne qui traitât
avec elle, sans ressentir la douce influence de
l'amour sacré qui s'échappait de son cœur.

L'ardeur avec laquelle elle désirait que toutes
ses filles arrivassent à un très haut degré de
perfection la poussait sans cesse à nous exhorter

à la fidélité à la grâce, à faire bien tous les
exercices spirituels, à accomplir avec exactitude
et amour la divine Volonté en toutes choses, et
à remercier la divine Bonté des innombrables
bienfaits qu'Elle nous prodigue.

Tout ce qu'elle croyait nécessaire pour la
Congrégation, elle l'implorait du Ciel par ses
prières et ses supplications et, à peine l'avait-
elle obtenu, que son âme éclatait en de nouveaux
cantiques et en actions de grâces. « Vous avez
un cœur créé pour aimer Dieu, nous disait-
elle, rendez donc au Seigneur amour pour
amour. Lui seul a droit sur notre cœur ; remer-
cions-le particulièrement du bienfait de notre
vocation. Comme céleste jardinier, il a été vous
chercher, une à une, dans le désert du monde,
pour vous transplanter dans son parterre privi-
légié. Chaque jour, Il fait descendre sur vos
âmes la rosée de ses bénédictions, pour adoucir
vos fatigues et vos peines ; Il vous fait goûter
une paix ineffable et Il veut vous rendre heureuses même sur cette terre. Si le cœur souffre
quand il ne trouve pas de reconnaissance dans
les créatures, quelle injure ne faisons-nous pas
au cœur de Dieu, quand nous méconnaissons et
oublions ses bienfaits ! Désirez avoir mille vies
pour les offrir au Seigneur et les sacrifier pour
son amour, en reconnaissance de ses bienfaits.
Mille fois je vous le répéterai : soyez reconnais

santes envers Dieu ; que votre cœur soit comme un autel, sur lequel brûle sans cesse la douce flamme de l'action de grâce ; que votre vie soit un acte non interrompu de reconnaissance pour votre vocation. Soyez aussi reconnaissantes à la Sainte Vierge qui vous protège tant. Mes chères filles, quand vous vous approchez de la Sainte Communion, ranimez votre gratitude envers Dieu, qui se donne à votre âme et s'unit à elle si étroitement, qu'elle ne fait qu'un avec lui. Que pouvait faire de plus pour nous un Dieu tout-puissant ?

« La Sainte Communion doit être notre aliment, notre consolation, nos plus grandes délices. Ce divin Sacrement est la vie d'une Religieuse du Bon-Pasteur.

« En lui, elle trouve sa force, sa joie, sa gloire et l'esprit d'abnégation et de sacrifice qui doit la caractériser sur cette terre toute semée de ronces et d'épines, où nous vivons entourées de difficultés qui accompagnent toujours la fondation de chacune de nos maisons : à peine commencée surviennent des tempêtes qui semblent la renverser. Quel besoin n'avons-nous donc pas de recourir à Notre-Seigneur dans le très saint Sacrement, notre Dieu fort et puissant qui peut les apaiser ?

« Alimentons-nous de ce Pain vivant qui s'appelle Pain des Anges, non parce que les Anges s'en nourrissent, mais parce qu'il a la vertu de transformer en Anges ceux qui le mangent dignement. Si vous êtes dans les peines, dans l'obscurité, dans la sécheresse, communiez; si vous êtes dans la lumière, dans les consolations divines, communiez pour que l'amour de Dieu croisse dans votre âme; si vous êtes dans la langueur, communiez pour que la force de l'Esprit-Saint vous soutienne. La religieuse parfaite doit communier pour avancer dans la perfection; la religieuse imparfaite doit communier pour obtenir la perfection à laquelle elle doit arriver. Sainte Thérèse dans l'époque de ses peines communiait plus souvent. Tandis que Jésus-Christ réside en nous, nous devons nous maintenir avec la plus grande attention : que votre action de grâces soit très fervente : ne pensez qu'à Jésus-Christ et à son amour, et vous serez terribles aux démons. Observez strictement le recueillement du matin prescrit par la règle jusqu'à la récréation qui suit le dîner, pour que chacune puisse continuer son action de grâces pour l'oraison et pour la sainte communion ; action de grâces qui ne devrait être interrompue jamais, jamais...., et le silence et les exercices de l'après-midi doivent être une préparation à l'oraison et à la communion suivantes ; en un mot, la pensée de ce don incomparable doit nous occuper sans cesse... Oh ! quel mystère, mes chères filles, quelle grâce, quelle faveur !!! Non, non, je ne comprends pas qu'une religieuse puisse vivre sans s'unir fréquemment à son Céleste Époux. Cette union doit être sa vie, son unique félicité, le seul repos de ses fatigues. Considérons la divine Eucharistie comme les arrhes de la gloire *durable* promise aux justes. Pour l'âme fidèle, qui se nourrit de ce pain céleste, ce sacrement sera un titre qui lui servira pour obtenir grâce au jour du jugement, et pour être admise parmi les citoyens du ciel. Nous vous recommandons, mes chères filles, de demander fréquemment au Seigneur la grâce de recevoir le secours de la sainte communion à la fin de votre vie. Quand je vois nos chères sœurs mourantes recevoir le saint Viatique, c'est-à-dire, leur provision pour le dernier voyage, et expirer peu après, je leur porte envie et je demande à Notre-Seigneur qu'il m'accorde la même grâce. Ah ! priez pour que le Seigneur daigne nous faire à toutes cette insigne faveur et, en attendant, pour ne pas nous rendre indignes de l'obtenir, recevons saintement et avec ferveur cet ineffable sacrement. Heureux ceux qui arrivent à l'éternité bienheureuse pourvus du corps sacré de Notre-Seigneur.

« Pour vivre selon l'esprit de son Institut, une Religieuse du Bon-Pasteur doit être une âme d'oraison, puisqu'elle doit être un autre Jésus-Christ, médiateur entre Dieu et les âmes. Les occupations extérieures ne doivent pas la tirer de son recueillement intérieur; mais ne les faisant que pour accomplir la divine Volonté, elles seront toutes autant d'actes d'amour et de louange pour son Dieu et son Souverain. » — « L'oraison est le moyen le plus efficace pour arriver à la perfection : tous les saints ont commencé leur carrière de sainteté, en se consacrant à ce saint exercice de communication avec Dieu. Lisez et gravez dans votre esprit la doctrine de sainte Thérèse sur l'oraison. Du reste, vous verrez par expérience qu'on n'apprend à bien faire l'oraison, qu'en faisant oraison : ainsi quand les disciples de saint Jean-de-la-Croix allaient lui demander qu'il leur enseignât la manière de faire l'oraison, il leur répondait ordinairement : « Faites oraison, allez à l'oraison. » Je pense donner la même réponse à celles qui viendraient me demander comment on fait l'oraison. — A l'exemple des saints, aimez à écouter Dieu, et faites vos délices de vous occuper avec lui dans le recueillement de l'oraison. Que ce saint exercice soit votre occupation la plus chère et, alors, vous serez semblables à cet arbre toujours vert dont parle l'Écriture sainte, qui porte des fruits en temps opportun. Arrosé constamment par les eaux de la grâce, le jardin de votre âme sera toujours orné de feuillage et de fleurs, le germe des bons désirs s'y fortifiera, et les fruits des saintes vertus qui se répandront autour de vous seront abondants. *Remarquez que ce ne sont que les fruits de l'oraison bien faite.* Vous pouvez espérer que la vôtre est telle, si vous sentez un grand désir du bien et de votre perfection ; mais si vous ne faites pas de progrès dans la vertu, si vous êtes paresseuses et indifférentes pour l'accomplissement de vos devoirs, soyez sûres qu'il y a dans votre oraison de graves défauts, puisqu'on ne voit pas les fruits qu'elle devrait produire. Dans ce cas, ranimez-vous bien vite, pour ne pas devenir une plante inutile et incapable de recevoir la douce influence de la céleste rosée. Le cœur d'une religieuse qui ne fait pas oraison, ou qui la fait avec négligence, est, suivant le langage de l'Écriture, semblable à une citerne desséchée, qui laisse perdre les eaux de la grâce.

« Mettez toute votre attention à la récitation du saint office, pensant que vous parlez à Dieu même ; que vous chantez les louanges de Celui dont la Justice et la Majesté remplissent le ciel et la terre. Si nous étions bien persuadées de cette vérité, nous serions des Anges sur la terre par l'union de notre esprit avec Dieu. — Assistez à la Sainte Messe avec une particulière dévotion, et pénétrez-vous bien de la sainteté du sacrifice qu'on offre au Seigneur. »

§ II

Chaque année, notre Vénérée Mère Fondatrice préparait elle-même la Communauté pour la retraite, que donnait ordinairement, dans le mois de novembre, un des révérends Pères de la Compagnie de Jésus, Compagnie à laquelle elle était très attachée. A cet effet, elle faisait à ses filles des instructions particulières, les exhortant à en retirer le plus de fruit possible.

« La retraite, disait-elle, est la meilleure préparation à la mort ; en ce temps, nous devons surtout penser sérieusement à notre fin dernière. Les grâces du Seigneur nous inondent, c'est une raison de plus pour travailler à croître en ferveur. Si Dieu entrait en compte avec nous, sur ce qu'il nous doit et sur ce que nous lui devons, depuis le premier instant de notre vie jusqu'à présent, qu'en serait-il de nous ? A ces comptes nous devons arriver un jour ; toutes nos actions seront alors examinées en détail ; elles seront pesées dans la balance de la justice divine ; préparons-nous-y donc.

« Dans la confession, accoutumez-vous à être simples, droites, claires et précises ; ne parlez pas des autres, mais de vous seulement. En tête des résolutions que vous prendrez pendant ces saints exercices, je désirerais que vous écrivissiez « ou me vaincre moi-même ou mourir. »

« Entrez dans la retraite avec recueillement et joie ; restez-y avec recueillement et joie, et vous retournerez ensuite à vos occupations avec recueillement et joie. Les vertus mélancoliques et taciturnes, les vertus âpres et dures (qui ne sont pas vertus) ne sont pas inspirées par l'esprit de Dieu, et ne conviennent pas à une âme chrétienne, bien moins encore à une Religieuse du Bon-Pasteur.

« Que tout ce qui est saint, tout ce qui est juste, tout ce qui peut vous rendre aimable, tout ce qui est d'édification et de bonne odeur, soit l'entretien de vos pensées, » disait l'Apôtre saint Paul : et moi je vous dis, mes bien chères filles, vous devez prendre vos résolutions d'après les enseignements que donne ici le grand Apôtre. Les personnes appelées par vocation à gagner des âmes à Dieu, doivent être saintes, doivent être pleines de dignité dans leurs manières, doivent être aimables avec tous ; elles doivent être la bonne odeur de Jésus-Christ, pour inspirer aux autres l'amour de la vertu. Leur conduite doit être irréprochable, leurs actions toujours dignes du maître qu'elles servent. N'oubliez pas avec quelle simplicité, quelle force, saint Paul trace les caractères de la véritable et solide piété. Les religieuses qui pratiquent vraiment la vertu gagnent les âmes. Il faut que vous agissiez toutes de cette sorte, et que vous vous formiez encore pendant cette retraite. Plus vous purifierez votre âme, plus vous conserverez dans votre cœur la paix et la joie ; et ainsi, vous rendrez plus d'honneur à Dieu, vous servirez de plus grande édification au prochain, de plus grande consolation à mon cœur, et de plus grand lustre à notre congrégation.

« J'appelle sur vous, de toute l'effusion de mon cœur, la sainte paix de l'âme, qui est le signe des élus. Oh ! que cette paix délicieuse règne en vous pendant la vie présente, qu'elle règne en vous durant toute l'éternité.

« Allez, mon peuple, retirez-vous dans l'intérieur de vos maisons, fermez vos portes et tenez-vous caché pour un moment.

« On a vu des âmes qui, après dix, quinze ou vingt ans d'une mortelle langueur, dans un état d'infidélité, par le peu de cas qu'elles faisaient des lumières de la grâce, se sont trouvées tout à coup changées totalement, par une prompte correspondance à une lumière extraordinaire que Dieu leur a donnée, soit dans les exercices d'une retraite, soit dans une communion fervente, soit dans une méditation bien réfléchie, comme il arriva à cette religieuse si relâchée dont parle le Père Lancicius qui. sortant d'une instruction, s'écria : « Je veux être sainte, et sainte tout de suite » ce qui fut en effet.

« De même, mes chères filles, que la lumière naturelle qui éclaire le monde fut la première des œuvres de la création, ainsi la lumière spirituelle dont Dieu nous éclaire, est la première entre toutes les grâces et, quand cette lumière pénètre dans l'intérieur de l'âme, elle fait ce que la lumière naturelle fait dans le monde physique, elle chasse et dissipe entièrement les ténèbres. Cette divine lumière fut celle qui brilla pour les Pasteurs et pour les Rois Mages, les guidant miraculeusement à la grotte de Bethléem. Cette lumière fut celle qui, avec un éclat prodigieux, resplendit aux yeux de saint Paul, sur le chemin de Damas ; celle qui se fit voir à saint Augustin, dans le jardin de Tagaste ; celle aussi qui illumina saint François Xavier , lorsqu'il entendit saint Ignace lui rappeler cette mémorable sentence : « Que sert à l'homme de gagner l'univers., s'il vient à perdre son âme ? » Ces grands saints surent profiter de cette grâce, et avec le secours divin, ils marchèrent de lumière en lumière.

Soyez donc fidèles, mes chères filles, à suivre cette lumière intérieure, que Dieu daigne accorder à chacune de vous ; que cette lumière vous éclaire et vous accompagne toujours ; plus grande sera votre fidélité à la lumière de la grâce, plus grande aussi sera la paix délicieuse dont vous jouirez, et qui fera votre bonheur sur la terre. A la clarté de cette lumière, vous marcherez d'un pas ferme dans les sentiers bénis du Seigneur. Que la lumière se fasse, et nous nous maintiendrons, constamment, en la présence de Dieu. Que merveilleux sont les effets de la lumière divine, dans les âmes qui la reçoivent avec docilité ! L'amour-propre est détruit ; notre esprit se purifie de ses imperfections, et l'âme n'a plus d'obstacles pour s'unir à Dieu.

« Il arrive parfois, mes chères filles, que quelques religieuses pensent être moins ferventes depuis leur entrée en religion que quand elles étaient dans le monde ; d'où vient cette persuasion ? le voici : il est écrit que Notre-Seigneur apparut au milieu des ténèbres du monde, comme lumière brillante, et que les ténèbres ne le reconnurent pas : ainsi, dans le monde, les âmes n'aperçoivent pas beaucoup de fautes, et ne font aucun cas de certains défauts ; mais ici, dans les parvis du Seigneur, à la splendeur d'une nouvelle lumière, elles découvrent la profondeur

de leur néant et peuvent, en quelque sorte,
compter une à une leurs imperfections et les
défauts qu'elles ne voyaient pas auparavant.
Toutefois ne perdons pas courage, cherchons
toujours Dieu et approchons de lui avec humilité, espérant recevoir ses lumières. Disons
avec le Roi prophète : Vous êtes ma lampe, oh
Seigneur ! O mon Dieu, éclairez mes ténèbres ;
et le Seigneur dessillera les yeux de notre âme,
nous fera connaitre nos défauts, et nous donnera une plus grande ardeur pour travailler à
notre perfection ; et s'Il se cache pour nous
éprouver, sachons nous soumettre à sa volonté
sainte, sans cesser pour cela de le chercher,
bien persuadées qu'Il ne manquera pas de nous
rendre un jour sa divine lumière. Mais où
pourrez-vous plus facilement trouver votre Dieu,
mes bien-aimées filles ? Vous le trouverez dans
le recueillement de l'oraison et, surtout, dans la
sainte communion. « O mon Dieu, s'écrie le Roi
Prophète, c'est vous qui êtes la source de la vie,
et c'est dans votre lumière que nous verrons la
lumière. » Oui, c'est dans l'oraison et la sainte
communion que nous acquerrons la connaissance
de Dieu et de nous-mêmes ; la connaissance
de Dieu, pour apprendre à l'aimer, la connaissance de nous-mêmes afin d'apprendre à nous
mépriser. La lumière d'en haut, comme un
phare lumineux, nous éclairera dans l'exercice

de notre vocation. La vocation à laquelle Dieu vous a appelées, demande la complète abnégation de vous-mêmes, pour travailler à briser les chaînes qui attachent les âmes au démon : ainsi, vous devez être préparées pour recevoir les attaques de sa fureur. Comme vous tourmentez l'enfer, celui-ci tourne sa rage contre vous, avec plus d'acharnement que contre les autres religieuses. Il vous importe donc d'être très fortes, et comment le serez-vous ? Vous le serez en ne considérant que la gloire de Dieu et le salut des âmes ; fin à laquelle vous devez rapporter tout ce que vous faites, et tout ce que vous désireriez pouvoir faire. Oui, soyez ceriatnes que, si vos actions sont animées de cet esprit, quelque petites, indifférentes, ou inutiles qu'elles paraissent, elles seront de grande valeur et de grand mérite, et seront marquées du sceau de la sainteté. Pour l'âme qui agit si droitement, il n'y a pas de ces peinés, découragements, ni tristesses qui naissent, malheureusement, de l'amour-propre, parce que, s'oubliant entièrement elle-même, elle ne voit en toutes choses que le bon plaisir de Dieu ; elle ne s'attache qu'au fidèle accomplissement de la volonté adorable du Seigneur, et ne considère que sa gloire et le salut des âmes. Ainsi, mes chères filles, maintenez-vous continuellement en la présence de Celui dont une seule parole, un seul regard, suffit pour dissiper les nuages de tristesse, et faire renaître au fond de l'âme la douceur et la paix. Cherchez-le constamment, confiez-lui les amertumes de votre cœur, approchez votre âme de la sienne, toute brûlante de charité; introduisez-vous, cachez-vous dans son cœur divin ; là, vous goûterez cette paix ineffable réservée à l'âme qui prie et qui, dans le silence, contemple les grandeurs d'un Dieu caché. Je vous exhorte de nouveau, mes chères filles, à devenir de plus en plus ferventes ; assurée comme je le suis, que votre oraison, vos prières, votre ferveur et votre esprit de régularité, ont fait violence au Sacré-Cœur de Jésus et de Marie, et obtenu pour notre saint Institut, toutes les grâces dont nous avions besoin. Je vous avoue que parfois, vous entendant chanter le saint office, et les pieux cantiques de nos pénitentes, je me suis sentie comme ravie en extase. »

§ III

Pénétrée de cet intime sentiment de la Divinité, notre vénérée Mère Fondatrice faisait entrer Dieu jusque dans les moindres occupations de sa vie. Une de ses filles, qui eut le bonheur de passer de longues années à la Maison-

Mère disait : « Notre Mère est toujours avec Dieu, elle règle tout avec Dieu » et elle ajoutait gracieusement : « même ce qu'elle a à disposer pour le dîner. » Elle avait coutume de remettre tout à Dieu ; si quelqu'une des nombreuses novices étrangères qui ne savaient pas le français, allait se lamenter près d'elle de ne pouvoir profiter des instructions qu'elle faisait, voyant ses compagnes ravies d'admiration et de joie de les entendre, notre Mère répondait avec grande simplicité : « Consolez-vous mon enfant, faites une neuvaine à notre Père saint Joseph, et lui vous obtiendra de me comprendre, » ce qui en effet arrivait.

En certains jours de grande fête, on chantait le *Pater noster* quand notre Mère allait recevoir la sainte communion, et son âme se liquéfiant alors d'amour filial, et de tendresse envers Dieu son Père, restait absorbée et comme ravie en Lui. Un des traits de sa vie d'union avec Dieu, dans lequel reluit davantage son absolue dépendance à la volonté de son adorable Maître, fut quand elle reçut la sainte inspiration de fonder notre Institut régénérateur. De même que l'œuvre de la Rédemption commença à se réaliser sur la terre par ces humbles paroles de la très sainte Vierge : « Voici la servante du Seigneur, qu'il me soit fait selon sa volonté » notre Mère Fondatrice, qui avait reçu du Ciel la mission d'être coopératrice en la grande œuvre de la rédemption des âmes égarées, éparses dans tout l'univers, présente à la Sainte Église la divine inspiration qu'elle avait reçue, et sollicite l'approbation du Souverain Pontife, commençant sa supplique par les paroles mêmes de Marie : « Voici la servante du Seigneur, qu'il me soit fait selon sa volonté. » Elle-même nous racontait ce qui lui était arrivé : « Je sentais, comme malgré moi, une forte impulsion de travailler pour l'établissement du Généralat. Un jour, pendant Vêpres, au *Magnificat,* je me sentis pressée plus fortement encore ; en sortant du chœur, j'allai me réfugier dans notre pauvre cellule, et là, d'une main tremblante, je me mis à écrire au Cardinal vicaire à Rome, et je commençai par ces paroles : « Voici la servante du Seigneur, qu'il me soit fait selon sa volonté. » J'étais si effrayée de ma démarche que, ne sachant de quels termes me servir pour manifester ma soumission, je finis par ces lignes : « Éminentissime Seigneur, je me prosterne sur la terre, je suis à vos pieds, et je ne désire que la plus grande gloire de Dieu ; si le Souverain Pontife et votre Éminence voient des obstacles à cette érection, je me soumets très humblement. » Bien des contradictions suivirent cette démarche et, quelque temps après avoir écrit, il m'arriva une chose très extraordinaire. Une nuit, à peine m'étais-je endormie d'un sommeil plus tranquille que de coutume, qu'il me sembla voir un Prélat qui m'était inconnu ; il était vêtu en Cardinal, son visage reflétait la douceur et la sainteté ; toute sa personne inspirait le respect et la vénération. Il me dit : « Ne craignez rien, ma fille, votre œuvre sera approuvée ; je suis élu de Dieu pour être son Protecteur. » Après ces paroles, il disparut me laissant pleine de confiance et de consolation. Quelle ne fut pas ma surprise, quelques années plus tard, lors de mon premier voyage à Rome, quand je reconnus en son Éminence le Cardinal Odescalchi, notre vénéré Protecteur qui m'était apparu ! Je lui racontai tout simplement mon songe, son Éminence réfléchit sérieusement et me dit : « Il y a en cela quelque chose d'extraordinaire ; je vais vous raconter à mon tour ce qui m'est arrivé au sujet de votre affaire : Depuis quelque temps, j'étais préoccupé du désir de connaître un institut de religieuses qui prît à sa charge les maisons de détention de femmes, et je demandais sans cesse à Dieu qu'Il daignât m'écouter ; votre lettre m'arriva le jour de l'Annonciation, quand je venais d'offrir le saint sacrifice dans la basilique de Saint-Pierre, à l'intention d'obtenir cette grâce par l'intercession de la très sainte Vierge. »

Cette union avec Dieu qui avait fait éprouver

à notre vénérée Mère cette forte et irrésistible impulsion de demander au Souverain Pontife l'approbation de fonder son Institut, lui donna aussi, plus tard, toute la force et les lumières nécessaires pour la réussite d'une entreprise si héroïque.

§ IV

Si sa vie se passa dans une intimité si grande avec Dieu, en approchant de sa fin, elle semblait se resserrer de plus en plus, et se manifestait par les saintes exclamations qui s'échappaient de son cœur, comme autant de soupirs enflammés : « Pourquoi voulez-vous me retenir captive, quand je désire aller me reposer dans le sein de mon Dieu ? » — « Comme le cerf altéré soupire après l'eau des fontaines, ainsi mon âme soupire après vous, ô mon Dieu ! Mon Dieu, vous êtes mon tout ! — O Jésus, soyez le souffle de ma vie ! Les souffrances m'ont été offertes ; je les ai acceptées, je porte sur mon corps les plaies de Jésus-Christ. — J'ai été brisée d'un double brisement, j'ai été couverte de plaies ; mais mes meurtrissures m'ont rendu la vie ! — Je sens Dieu en moi, et souffrant avec moi. » Ce fut dans les plus tendres transports d'amour, et occupée jusqu'au dernier instant de son œuvre coopératrice de la rédemption des âmes, que notre Mère Fondatrice exhala son dernier soupir.

CHAPITRE IX

Son intime union avec Dieu dans la possession des dons du Saint-Esprit

§ I

Et nous vîmes d'une manière évidente, que notre Vénérée Mère Fondatrice Marie de Sainte Euphrasie Pelletier, était juste et agréable aux yeux de Dieu. Le Père Éternel l'aimait et prenait ses complaisances en son âme, voyant en elle l'image de son fils unique immolé pour sa gloire.

Dieu le Fils la choisit comme compagne infatigable pour courir à la recherche de la brebis perdue. Il partagea avec elle l'héritage, que comme Rédempteur, il avait acquis, et lui donna domaine et puissance sur toutes les régions de l'univers.

L'Esprit-Saint lui donna une nombreuse génération de vierges et d'âmes. Il l'orna de ses dons, lui en faisant goûter les fruits délicieux.

§ 11

La Sagesse, entrant de toute sa plénitude en son âme, la combla de tous les biens, éteignant tout ce qui tenait de la terre, pour qu'elle ne cherchât que la gloire de Dieu, et ne se glorifiât qu'en la Croix de son Époux bien-aimé.

En voyant son attitude à l'oraison, sa profonde révérence devant le Très Saint-Sacrement, l'immobilité de son corps, l'illumination de son visage, la lumineuse expression de ses yeux, on comprenait quels torrents de lumière Dieu répandait dans son esprit, de quels transports d'amour il embrasait son âme, la transformant toute en lui. Tel Moïse, descendant de la Montagne Sainte, elle sortait de ces intimes et amoureuses communications avec Dieu, portant empreints sur tout son extérieur le respect profond de la Divinité, et une telle modestie et un tel recueillement qu'ils inspiraient pour elle la même vénération qu'envers une âme qui habite déjà les régions supérieures. Ce souvenir seul donne encore de la dévotion à celles de nous qui eurent le bonheur de la voir et de l'admirer.

Altérée de la soif de procurer la gloire de Dieu, du Roi et du Maître de son âme, de Celui qui la possédait si parfaitement, elle ne s'arrêtait devant aucun sacrifice pour étendre son règne ; consumée du désir de nous communiquer ce feu divin, elle nous disait : « Voulez-vous connaître, « mes chères filles, le souhait le plus ardent « de mon cœur, le voici : « vivez et multipliez- « vous ; allez peupler la terre, allez étendre les « miséricordes du Seigneur, allez gagner des « âmes à Dieu. » Et ces paroles aussi ardentes qu'efficaces, émouvant irrésistiblement les cœurs de ses filles, les rendaient capables de traverser les mers et les déserts, pour aller faire connaître Dieu et sauver les âmes. Et quelle joie inondait son âme, quand au prix de sacrifices et de contradictions sans nombre, elle obtenait de voir s'ériger un nouvel autel au Dieu trois fois Saint, dont les délices sont d'habiter avec les enfants des hommes, et où il serait adoré en esprit et en vérité, où il recevrait de ses filles le tribut de continuelles louanges et d'où elles feraient descendre sur les âmes les miséricordes divines ! Cette joie redoublait d'intensité quand il lui était donné de pouvoir rendre au culte du Seigneur quelqu'un de ces temples profanés par la main sacrilège de la révolution, et laissé dans l'abandon durant de longues années. L'ardeur de son amour seul put la porter à acheter trois de ces anciennes abbayes, celle de Saint-Florent à Saumur, celle de Saint-Savinien à Sens, et celle de Saint-Nicolas à Angers. — « Ah ! disait-

« elle, quelle félicité inonde mon cœur quand
« une nouvelle lampe s'allume dans une nouvelle
« église de la Congrégation, dans quelque ancien
« monastère battu par la tempête, servant depuis
« bien des années à des usages profanes et qu'il
« nous a été donné de rétablir ! Une de mes
« plus grandes allégresses a été de voir rallu-
« mer devant Notre - Seigneur la lampe de
« l'abbaye de Saint-Florent. Chaque fois que je
« me présente à la clarté de cette lampe, je sens
« mon âme inondée des plus suaves délices.
« Que d'autres n'avons-nous pas eu le bonheur
« d'allumer ! En quelque endroit que j'aperçoive
« la lampe qui brûle constamment devant le
« Saint-Sacrement, je ne puis m'empêcher de
« lui porter envie ; je voudrais être là à sa place,
« jour et nuit, me consumant d'amour aux pieds
« de Notre-Seigneur. A combien de réflexions,
« me porte la seule considération de cette lampe !
« la flamme qui éclaire et s'élève vers le ciel,
« me représente le zèle que nous devons avoir
« pour éclairer les âmes ; sa lumière tremblante,
« me représente nos misères qui sans le secours
« de Dieu, nous feraient défaillir ; l'huile qui
« l'alimente, par sa couleur ambrée, me fait
« penser à la charité, à l'esprit de sacrifice dont
« nous devons être remplies, pour nous immoler.
« et pour donner notre vie pour le salut de
« notre prochain... »

Quand elle obtenait de ramener une âme à Dieu, la sienne semblait se fondre de joie, et participer au festin des cieux pour la pénitence d'un pécheur. Un jour d'ineffable bonheur pour elle, c'était celui du baptême des protestantes et des païennes, qu'elle faisait préparer avec le plus grand soin, ainsi que pour la solennité de la première communion.

Pour cette âme, d'où surabondaient la bonté et la miséricorde, il y eut aussi d'autres jours d'indicible joie, ce furent ceux où elle put rendre un bienfait signalé, en retour de calomnies et d'outrages ; elle jugeait tout le monde avec indulgence et nous recommandait de ne juger personne et de prendre toujours la défense des absentes : — « N'aimez à savoir autre chose que la charité, » nous disait-elle. Cet esprit engendrait la paix en son âme, paix qui rayonnant sur son front, répandait sur toute sa personne une douce majesté qui attirait à elle tous les cœurs, et les disposait à recevoir sa bienfaisante influence, et cette paix était pour la Congrégation une source de tranquillité, de concorde et d'union.

Dans l'organisation de notre Maison-Mère, on remarque la sagesse avec laquelle notre Vénérée Mère Fondatrice régla tout ; les moindres petits détails même révèlent que l'esprit qui présidait là, était inspiré. Dans cette maison bénie, où habitent dans les divers établissements onze cents personnes, parmi lesquelles on compte plus de trois cents religieuses, de différentes nations, quatre-vingts sœurs Madeleines, près de deux cents pénitentes et des centaines d'enfants, tout est si parfaitement ordonné, qu'on y voit briller avec éclat la beauté de la maison de Dieu, et qu'elle fait l'admiration de tous ceux qui la visitent. Là règnent le silence, la profonde piété, la magnificence, la majesté avec lesquelles se célèbrent les fêtes et les saints offices de l'Église ; là règnent le recueillement, la pauvreté, l'humble simplicité, la paix et la joie de l'âme.

Parmi les illustres personnages qui, de loin, allaient à Angers, désireux de connaître la Fondatrice de cette Congrégation qui avait commencé aussi petite que le grain de sénevé, et qui, comme un arbre vigoureux, étendait ses branches par tout l'univers, une dame américaine très distinguée qui avait passé quelques jours à la Maison-Mère, après avoir tout vu, et avoir entendu notre Vénérée Mère, s'écria comme la reine de Saba : — « Je vois, maintenant, que « tout ce que l'on m'avait dit de vous et de votre « sagesse est véritable ; je ne pouvais croire ce « que l'on me racontait, et pour cela même, j'ai « voulu le voir de mes propres yeux, et je vois « que tout surpasse ce que l'on m'avait dit.

« Heureux ceux qui toujours ont le bonheur
« d'être employés à votre service, et qui sans
« cesse écoutent la sagesse de vos discours. »

Et celle en qui reluisait cette céleste sagesse, vraiment éclairée de Dieu lui en rapportait toute la gloire, et lui rendait de continuelles actions de grâces, ne réservant pour elle que l'humilité, vertu qui resplendissait dans tous les actes de sa vie, et la rendant d'un accès si facile, qu'on allait en toute confiance chercher près d'elle consolation, faveurs et même sacrifices. La charité étant le besoin de sa vie, et l'on peut dire sa passion dominante, lui donner occasion de l'exercer, c'était l'obliger ; ainsi, après avoir dispensé des bienfaits, elle se considérait elle-même comme favorisée.

Dieu semblait se complaire à montrer dans toute leur splendeur ses divines perfections dans l'âme de notre Vénérée Mère Fondatrice, lui faisant porter des fruits délicieux, comme fruits de la vigne dont le cep est le Verbe.

§ III

L'intelligence lui donnait des lumières très claires sur Dieu, sur les divins Mystères, sur l'Écriture Sainte et particulièrement sur la

valeur des âmes. Sa pensée dominante, c'était
de travailler pour qu'aucune ne se perdît parce
qu'elles sont le prix du sang très précieux du
Fils de Dieu même. — « Mes Filles, nous disait
« elle, qu'il n'y ait aucune misère, aucune plaie
« spirituelle, quelque répugnante qu'elle soit,
« que nous n'entreprenions de guérir avec l'aide
« de la grâce. Je vous assure qu'être au ciel ou
« travailler sur la terre au salut des âmes, est
« pour moi une égale joie. Je me sens consumée
« de zèle quand je médite sur notre vocation.
« Si vous avez la foi, mes chères filles, vous
« entendrez avec joie ces paroles de l'Écriture
« sainte qui peuvent vous être appliquées : « Ceux
« qui auront enseigné à d'autres les voies de la
« justice brilleront comme des étoiles pendant
« toute l'éternité. » Vous qui vivez de la foi vous
« êtes du nombre des justes, et il vous est pro-
« mis que vous brillerez parmi les élus par la
« sublimité de votre vocation. Pénétrez-vous
« bien de cette vérité, qu'il est plus méritoire de
« travailler au salut des âmes, que de courir au
« martyre, puisque notre vie n'est qu'un perpé-
« tuel holocauste de nous-mêmes, martyre d'au-
« tant plus grand et plus méritoire, qu'il est
« plus prolongé. Celles de nos Sœurs qui vont
« à des missions difficiles, parmi les protestants
« et les infidèles, auront plus de mérites, que si
« au moment même, elles donnaient leur vie

« pour la foi. Nous devons avoir plus à cœur
« d'empêcher l'offense de Dieu que de gagner
« notre récompense de Dieu même. »

§ IV

La science des Saints l'éclairait pour diriger
toujours ses actions d'une manière conforme à
la Divine Volonté et pour instruire les âmes,
tant en général que selon les nécessités particulières de chacune. Elle avait une certaine
intuition qui lui donnait la connaissance claire
et distincte de l'esprit de ses religieuses. Elle
nous dit qu'en plusieurs circonstances Notre-
Seigneur lui montrait dans l'oraison quelque
maison de la Congrégation, ou quelques-unes de
ses filles, lui découvrant les desseins qu'il avait
sur elles, et qui se sont réalisés plus tard.
Eclairée de cette science surnaturelle, elle
consolait ses filles affligées, même avant qu'elles
lui eussent manifesté leurs souffrances.

L'efficacité de sa parole, dans les instructions
qu'elle faisait à son nombreux troupeau, faisait
bien comprendre qu'elle parlait sous l'influence
de l'Esprit-Saint, et elle était parfois si remplie
de ce divin Esprit que voyant écrit par ses filles
ce qu'elle avait dit elle en restait surprise,

accomplissant en elle ces paroles : « Le Seigneur « découvre ses secrets aux humbles et aux « simples de cœur. » Sa parole, aussi pleine de puissance que de lumière, avait une onction toute céleste ; comme un baume répandu, en entrant dans l'ouïe, elle pénétrait jusqu'au fond de l'âme.

§ V

Le don de Force brilla dans toutes les grandes œuvres qu'elle entreprit et réalisa pour la gloire de Dieu et le salut des âmes. « Je puis tout en celui qui me fortifie » disait-elle avec l'Apôtre, et la devise de sa vie apostolique fut : travailler et souffrir. Dans sa personne, on admirait toujours une constante mortification : la nourriture qu'elle prenait était absolument frugale, le repos semblait ne lui être pas nécessaire ; la vie de l'esprit absorbait tout. Travailler incessamment à la sanctification de ses filles, pour en faire autant d'apôtres qui volassent à la conquête des âmes, les fortifier de ses paroles et de ses exemples, pour qu'aucun obstacle ne les arrêtât, pour qu'aucune difficulté ne les fît reculer dans leur divine mission, c'étaient autant de preuves, qui manifestaient visiblement que l'esprit de Force reposait sur elle et lui communiquait cette vigueur vraiment surnaturelle.

Quelques-unes des maisons de la Congrégation très florissantes aujourd'hui sont dues à la magnanimité qui lui fit espérer, contre toute raison humaine, le secours d'En Haut, s'exerçant, comme le Roi Prophète à travailler courageusement, mettant toute son espérance dans le Seigneur.

§ VI

Le Conseil maintenait son âme dans l'attente continuelle de la divine Volonté, et elle n'agissait que sous son impulsion. Cette dépendance absolue du Saint-Esprit, la conservait tranquille au milieu de l'océan d'affaires qui remplissaient sa vie, et des tempêtes que l'enfer lui suscitait pour s'opposer à l'exercice de son zèle.

Elle recourait avec une profonde humilité aux conseils de ses supérieurs [1], écoutait avec une incomparable et naïve candeur les avis de ses filles et elle les donnait avec autant d'humilité que de bénignité à tous ceux qui recouraient

[1] NOTA. — Un de ses Supérieurs fut son Éminence Monseigneur Régnier, Cardinal Archevêque de Cambrai, qui avait fondé une maison de la Congrégation en 1846 à Angoulême où il était alors Évêque, et en octobre 1880 qui fonda celle de Cambrai disant qu'il ne voulait pas mourir avant de voir établies dans sa ville épiscopale les filles de la Mère Marie de Sainte Euphrasie.

à elle. Ses conseils étaient un trésor : sa merveil-
leuse sagacité lui faisait toujours trouver une
sortie aux difficultés les plus ardues ; ses dispositions ordonnées avec nombre, poids et mesure,
étaient véritablement inspirées ; ses paroles,
non seulement indiquaient le chemin, mais elles
communiquaient le courage et la consolation
comme une émanation de l'Esprit consolateur.

§ VII

La Piété constituait l'élément principal de sa
vie : très tendre envers Dieu, envers la Très
Sainte Vierge et envers les Saints ; très compa-
tissante envers les âmes du Purgatoire, indus-
trieuse pour les soulager dans leurs tourments
et pleine de sollicitude pour le prochain, pratiquant envers lui toutes les œuvres de miséricorde
spirituelle et corporelle.

Qui pourrait décrire les délices que trouvait
son âme à se considérer fille de Dieu ; la tendresse avec laquelle elle le nommait son Père,
l'abandon filial qui la faisait se reposer entièrement dans le sein de sa Providence adorable !
Ces sentiments, qu'elle eût voulu communiquer
à tous les cœurs, faisaient qu'elle travaillait
avec le plus amoureux empressement à faire
connaître, aimer et servir Dieu par toutes les
créatures.

Son amour pour la Sainte Église était, on peut le dire, inné en son âme ; toute jeune enfant encore, on ne pouvait obtenir qu'elle se couchât avant de réciter les cinq *Pater* et *Ave* pour l'exaltation de notre Mère la Sainte Église ; ce qu'elle faisait si posément et avec une telle dévotion, que sa prière se prolongeait longtemps ; ce qui surprenait dans une enfant de son âge. Toute sa vie, elle fut fidèle à cette pratique de dévotion.

A son ardeur pour la propagation de la foi, se joignait le zèle pour la magnificence du culte divin. Elle eût voulu posséder des trésors pour embellir les temples et les enrichir d'ornements et de vases sacrés les plus précieux. Il ne lui suffisait pas qu'à la Maison-Mère tout inspirât vénération pour les autels du Seigneur, ses soins s'étendaient aux chapelles de la Congrégation et même à d'autres églises pauvres. Sa joie fut indicible lorsqu'elle visita à Rome les saintes basiliques et put contempler la pompe de leurs augustes cérémonies ; ce souvenir resta vivant dans son cœur, et, souvent, elle nous parlait de tout ce qu'elle avait vu dans la cité sainte.

La révérence qu'elle exigeait pour l'oraison et les saints offices, ne pouvait aller plus loin : il fallait faire abstraction complète du corps, car, disait-elle, un chœur de vierges doit être un chœur d'anges, et, chose admirable, dans ce

chœur de plus de trois cents religieuses, on
n'entendait pas le plus léger bruit, et ce devait
être un indice de la ferveur intérieure à laquelle
elle nous exhortait en disant : « Tâchez, mes
« filles, d'être de ferventes religieuses ; conser-
« vez-vous dans un grand recueillement, revêtez-
« vous de l'esprit de Jésus-Christ ; imitez sa vie
« de silence, d'oraison, de zèle et de sacrifice.
« Faites vos exercices spirituels avec soin, et
« tâchez de ne causer aucune distraction à vos
« Sœurs qui éprouvent le besoin de s'unir plus
« étroitement à Dieu et de se plonger dans les
« délices de l'oraison. Oh ! mes chères Filles,
« rien ne peut être comparé au bonheur de se
« sentir étroitement uni à Dieu. Quand il nous
« est donné de nous prosterner devant le Très
« Saint-Sacrement, nous devons nous sentir
« pénétrées de fidélité ! Qu'elles sont douces
« pour l'âme les heures passées près du Taber-
« nacle ! ce sont les plus précieuses de la vie ;
« c'est là que se trouvent la véritable consolation,
« la paix et la félicité qu'on ne trouve auprès
« d'aucune créature ! Cette adoration profonde
« et continuelle que nous devons à Dieu, vous
« fera regarder vos Monastères comme autant
« d'autres temples, où tout ce qui respire doit
« louer le Seigneur et exalter ses œuvres. Vivez
« heureuses avec votre Dieu, aimez-le, ne pensez
« qu'à lui seul, ne cherchez rien hors de lui ; ne

« vous occupez que de lui, ne vivez et respirez
« que pour lui, qu'il soit l'atmosphère de votre
« esprit. Donnez-vous entièrement à Dieu, et le
« jour viendra où vous vous endormirez sur
« son cœur pour vous réveiller dans le sein de
« sa gloire. »

Poussée du désir de réveiller et d'augmenter
la piété dans tous les cœurs, elle n'omettait rien
pour que les fêtes de l'Église fussent célébrées
avec toute la pompe religieuse possible ; nous
faisant comprendre quelle puissante et irrésistible influence exercent les cérémonies sacrées
sur les âmes, même sur celles qui ont eu le
malheur de s'éloigner de Dieu et de la vertu.
Oh ! que de personnes assistant à une cérémonie de première communion, se sont souvenues
du jour heureux où elles la firent, et sont
revenues au bon chemin pour toujours ! Elle ne
cessait de nous inculquer que sans esprit de
piété, il n'y a ni conversion véritable ni cons-
tance dans le bien, et que nous devions, par
tous les moyens possibles, travailler à l'obtenir
de Dieu, pour nos pénitentes et pour les autres
personnes qui nous sont confiées.

Stricte observatrice du précepte de la sanctification des Fêtes, elle ne permettait pas certaines
petites occupations qui parfois se font en ces
jours sous prétexte de piété ou de dévotion.
Les autels même, devaient être parés dès la

veille, afin que les jours de fêtes fussent entièrement consacrés aux louanges de Dieu. Elle
recommandait aussi que les pénitentes et les
enfants gardassent strictement les jours de
fêtes.

Sa mission d'apôtre qui, dans son enfance,
avait commencé sous le souffle de l'Esprit-Saint,
durant les jours qui précèdent la Pentecôte,
faisait que cette fête était pour elle d'inénarrable
joie. Le triduum de règle qui la précède, et la
solennité du jour enivraient son âme de zèle et
d'amour, la transportant jusqu'aux régions les
plus lointaines à la recherche d'âmes à sauver.

Quand arrivait la fête du Très Saint-Sacrement,
celle du Sacré-Cœur de Jésus, le sien, comme
un foyer ardent, se consumait en de nouvelles
flammes d'amour, de reconnaissance, de désir
de réparer les injures qu'il reçoit dans la sainte
Eucharistie, et paraissait enflammer tout ce qui
l'entourait. Durant l'octave de cette première
fête, on a dans notre Congrégation le privilège
d'avoir le Saint-Sacrement exposé toute la journée, et trois heures environ durant la seconde ;
l'adoration se fait très solennellement, les chants
sacrés, les prières et les amendes honorables se
succèdent.

Par tous les moyens que lui suggérait sa
piété, elle honorait le Sacré-Cœur de Jésus.
Avec quelle onction, elle nous recommandait

cette dévotion sacrée comme indispensable pour travailler avec fruit au salut des âmes ! Elle nous exhortait aussi à recourir au Sacré-Cœur de Marie, refuge des pécheurs, pour obtenir la conversion des pénitentes. Dès l'origine de l'Archiconfrérie, établie dans l'église de Notre-Dame des Victoires à Paris, elle y fit agréger la Maison-Mère et autres. Elle disposa aussi que dans les divers emplois de la Maison on récitât à haute voix le Saint Rosaire, formant ainsi un Rosaire perpétuel. Il est digne de remarque que le chœur de la Communauté n'est presque jamais solitaire : chemins de croix, rosaires, visites au Saint-Sacrement remplissent les intervalles d'un exercice à l'autre ; et dans les cloîtres et les allées des jardins, on ne rencontre les religieuses que le rosaire à la main, le récitant dévotement.

Le mois de Marie se célèbre aussi : dès la première aurore du jour, commence à résonner dans les jardins le chant des litanies de la Très Sainte Vierge, dont l'écho va se perdre au loin ; cette première procession est celle des ferventes Sœurs Madeleines. Les autres classes suivent à leur tour, et la communauté termine la journée avec sa très belle procession, à huit heures du soir.

Sa tendre et filiale dévotion envers la Très Sainte Vierge, lui faisait hâter par ses désirs le

jour où la Sainte Église déclarerait dogme de
foi le mystère ineffable de l'Immaculée Conception. Durant des années entières la Communauté récitait au chœur, avant l'oraison du
matin, l'office en latin de l'Immaculée Conception comme une offrande par laquelle sa filiale
tendresse l'honorait, désirant hâter le jour glorieux du *huit décembre mil huit cent cin-
quante-quatre*, que toute la Congrégation célé-
bra avec splendeur.

Dans toutes les maisons, chaque samedi avant
Matines, la Communauté réunie au chœur et
agenouillée devant l'image de la Très-Sainte
Vierge, chante l'*Inviolata* ; la Supérieure, un
cierge en main, récite l'acte d'hommage à la
Reine du Ciel, protestant de défendre, même
avec sa vie, le dogme de l'Immaculée Conception, se mettant de nouveau sous la protection
de Marie, qu'elle reconnait comme Mère et
Supérieure de la Congrégation. Dès les premières années du Généralat, elle avait fait
ériger plusieurs monuments en l'honneur de
Marie Immaculée.

Dans une émeute populaire qu'il y eut à
Lyon, l'année 1834, le célèbre sanctuaire de
Fourvières fut menacé d'être détruit, et pendant
quelque temps, le culte divin y fut interrompu.
Notre Mère Fondatrice, profondément affligée
des outrages commis contre la Très Sainte

Vierge, dédia à Notre-Dame de Fourvières une petite chapelle du côté du bâtiment des Pénitentes : c'était comme un lieu d'expiation où nous tâchions de dédommager Marie des impiétés qui venaient de se commettre.

Dans son affection filiale venait ensuite le grand Patriarche saint Joseph, Époux de l'Immaculée Mère de Dieu ; elle l'avait institué Supérieur Général de la Congrégation, et en son honneur, elle avait fait construire un monument en face de la porte de clôture de la Maison-Mère : la grande et belle statue en pierre représente le Saint Patriarche, conduisant par la main le Divin Enfant Jésus, fixant sur son Père putatif un tendre regard qui semble lui dire de le prendre sur ses bras. Le monument porte cette inscription : « *Saint Joseph, Supérieur général de l'Institut, priez pour nous.* » Et pour qu'il reçût en son nom de continuels hommages elle avait chargé trois saintes de sa particulière dévotion, sainte Thérèse, sainte Euphrasie et sainte Philomène, de lui rendre un tribut de louanges et de bénédictions. Elle eut le bonheur de propager par tout le monde la dévotion de saint Joseph. Chaque colonie de religieuses qui sortait de la Maison-Mère, emportait avec elle une statue du glorieux Patriarche et la douce obligation de l'honorer comme elles l'avaient vu faire, et de lui confier la direction de toutes les affaires. C'était lui faire un présent que de lui raconter quelque grâce obtenue par l'intercession de saint Joseph.

Elle recourait toujours avec grande confiance à saint Joachim et à sainte Anne, les glorieux parents de la Très Sainte Vierge. Dans une niche près du monument de saint Joseph, elle avait placé une statue de sainte Anne, la chargeant du soin de protéger les postulantes, étant celle qui eut la félicité de donner au monde la première vierge qui s'est consacrée à Dieu, l'exemple et le modèle que doivent imiter toutes les autres. Fréquemment, elle invoquait les saints Apôtres et sainte Marie-Madeleine, l'apôtre des apôtres, lui cherchant avec sollicitude de nombreuses imitatrices de son repentir, de sa pénitence et de son amour. Oh ! de combien de manières n'honorait-elle pas cette glorieuse amante du Seigneur, désirant la payer de retour pour les amoureux services qu'elle avait rendus au divin Maître et à sa Très Sainte Mère, et l'accompagner en chacun d'eux ! Le dimanche de la Résurrection, à l'aube du jour, la Communauté des Madeleines va en procession visiter Notre-Seigneur et se dirige ensuite au monument de la Sainte-Vierge où elle chante le *Regina Cœli*, sainte coutume qu'elle avait établie et qui la remplissait d'allégresse.

Dès son enfance, sainte Thérèse fut la sainte de sa prédilection ; après l'Écriture sainte, sa lecture favorite était la vie et les œuvres de cette sainte, ainsi que les Annales du Carmel ; il n'y avait ni instruction ni récréation, ni conversation dans laquelle elle ne nous parlât de sainte Thérèse. « Ayons grande dévotion à « sainte Thérèse, nous disait-elle, regardons-la « comme une des principales protectrices de « notre Institut et tâchons d'imiter son incom- « parable ferveur, et sa tendre affection pour la « sainte Église. »

Les saints Fondateurs d'Ordres et de Congré- gations religieuses, et ceux qui ont porté la lumière de l'Évangile aux nations, avaient pour elle un attrait particulier ; il en était de même pour ceux qui se distinguèrent en humilité. Elle honorait la pauvre et humble petite bergère de Pibrac, l'invoquant chaque jour en communauté, et quand le 29 juin 1867, l'immortel Pie IX la canonisa, comme sous une inspiration subite, elle adressa à la Sainte ces paroles : « Jusqu'à présent, nous vous avons honorée en disant : Bienheureuse Germaine, aujourd'hui nous vous disons avec le Chef de l'Église : Sainte Ger- maine priez pour nous » et cette invocation fut répétée par les trois cents religieuses qui l'écou- taient. Dans les jours suivants, on porta solen- nellement en procession par les cloîtres et les jardins, la relique de cette sainte, à la canonisation de laquelle contribuèrent les miracles obtenus par son intercession dans notre maison de Bourges.

Sa dévotion envers les neuf chœurs des Anges était grande et respectueuse. Souvent, elle nous rappelait l'obligation et la nécessité de recourir à ces Esprits célestes, pour qu'ils nous aidassent en notre vocation de convertir les âmes à Dieu. Elle avait coutume d'invoquer les Anges gardiens des personnes avec qui elle devait traiter, et de saluer ceux de la ville et des habitants des lieux par où elle passait, et où elle arrivait. Aux Esprits célestes qui entourent les tabernacles du Seigneur, elle dirigeait d'ardentes prières pour qu'ils suppléassent à l'amour et aux louanges des créatures, et pour qu'ils obtinssent des grâces pour les pécheurs et la persévérance pour les justes. Afin d'augmenter la confiance de ses filles quand elle les envoyait en fondation, elle leur faisait considérer la joie des Anges chargés de garder les âmes au bien desquelles elles allaient travailler. A l'imitation de sainte Jeanne-Françoise de Chantal, elle fit placer sur les portes des cellules et des emplois du Monastère, l'image de l'Ange Gardien pour que toutes s'accoutumassent à implorer la protection de ces Esprits souverains.

Ce don céleste de la Piété lui inspirait aussi

la vénération sans bornes qu'elle portait aux hiérarchies de l'Église militante. Son adhésion au Chef de l'Église était inébranlable : on peut dire que pour elle, le dogme de l'infaillibilité du Pape exista toujours. « A Rome, disait-elle, la vérité triomphe toujours. Semblables à ces fleurs qu'on appelle soleils, parce que toujours elles se tournent vers lui, ayez toujours votre esprit fixé en Dieu et à Rome. » Elle nous racontait que dans les audiences qu'elle avait eu le bonheur d'obtenir du Pape Grégoire XVI, la présence du Souverain Pontife lui avait causé une telle impression de respect, qu'une fois agenouillée devant Sa Sainteté, elle y resta ainsi tout le temps de la bienveillante audience et même pour passer d'un côté à l'autre, elle marchait à genoux, et se retira emportant dans son âme de nouveaux trésors de grâces et de bénédictions. Elle nous disait aussi qu'entre les jours les plus précieux de sa vie, elle comptait les jours d'audience que lui accorda son Éminence le Cardinal Odescalchi, qui fut le premier Protecteur de la Congrégation.

Sa vénération s'étendait à tous les ministres du Seigneur ; on était touché de voir dans ses dernières années cette ancienne et vénérable Mère, se tenir avec le même respect devant un jeune prêtre que devant un grand Prélat. Elle tenait à honneur de les recevoir, et la maison de Messieurs les Aumôniers qui est en face du Monastère, leur était toujours ouverte. Sur le portique extérieur du Monastère, elle avait fait préparer des appartements pour y recevoir Nos Seigneurs les Évêques. Aux attentions les plus délicates se joignait le soin de tout ce dont ils pouvaient avoir besoin.

Elle portait la plus grande affection à tous les Ordres et à toutes les Congrégations religieuses. C'était pour elle une grande consolation quand elle pouvait rendre service aux communautés, particulièrement à la respectable Société de Jésus et aux Révérends Pères Oblats de Marie. Elle eut aussi le bonheur de travailler au rétablissement de plusieurs Communautés de religieuses, et conservait avec elles les plus intimes et cordiales relations. Les liens du plus religieux attachement l'unissaient à la Révérende Mère de Lignac, Supérieure des Religieuses Ursulines de Tours, dont elle avait été l'élève ; à la Vénérable Mère Barat, Fondatrice de la Société du Sacré-Cœur ; à la Révérende Mère Marie de Saint-Louis de Gonzague de Cossé-Brissac, Fondatrice des Bénédictines du Saint-Sacrement de Craon ; à la Révérende Mère de Faillonet, Fondatrice de la Congrégation de la doctrine Chrétienne ; à la Révérende Mère Javouhey, Fondatrice de la Congrégation Saint-Joseph de Cluny ; et très particulièrement aux

Révérendes Mères Carmélites de Tours. Ces affections saintes émanaient de son ardent amour pour Dieu et pour tout ce qui lui est consacré. Ce même esprit se répandit dans toutes ses maisons disséminées par tout l'univers, et resta imprégné dans son Institut, où il subsiste dans toute sa vigueur.

De chacun des sanctuaires du Bon-Pasteur, s'élèvent incessamment vers le ciel l'encens de la prière, et les louanges d'adoration à la Très Auguste Trinité, rétribuant à chacune des trois Personnes divines : la gloire, l'amour, la louange, l'action de grâce et les bénédictions, et implorant grâce et pardon pour les âmes.

§ VIII

La crainte de Dieu aussi amoureuse que filiale en son âme, la tenait en continuelle vigilance pour ne pas manquer de fidélité au moindre mouvement de la grâce. « J'ai peur de la grâce qui passe, disait-elle avec saint Augustin ; la moindre négligence peut nous la faire perdre, et cela m'effraie. » Et sa grande âme, qui jamais ne s'intimida devant aucune contradiction, ni difficulté, et qui, au plus fort du combat, confiante et courageuse, s'écriait avec

l'Apôtre : « Qui pourra me séparer de l'amour
de Jésus-Christ ? » frémit, tremble, et s'atterre
à la seule pensée qu'une légère infidélité peut la
séparer de l'amour de son Dieu.

Nous exhortant à cette sainte crainte, elle
nous rappelait ces paroles de saint Jérôme :
« Vivre à Jérusalem et dans les lieux saints
n'est ni un mérite, ni un motif de récompense ;
mais le mérite et ce qui est digne de récompense,
c'est de vivre dans ces lieux saints, d'une vie
sainte. » Puis elle ajoutait : « Si par nos infidé-
lités, nous profanons la terre des Saints, nous
tomberons dans les mains du Dieu vivant.
Jérusalem infidèle et recevant le châtiment de
son infidélité est la figure de la religieuse qui
ne correspond pas comme elle le doit à sa vocation, qui manque à ses devoirs sacrés et qui en
sera sévèrement punie. Comme Jérusalem, le
Seigneur nous comble de ses bienfaits. Il veille
sur nous, nous garde comme la prunelle de ses
yeux, nous couvre de ses ailes, nous prodigue
ses plus tendres caresses, nous envoie des Pro-
phètes qui nous enseignent ses voies, nous protège contre nos ennemis et les met en fuite. Il
nous entoure d'un mur d'enceinte qui nous
défend de toute attaque étrangère. Il nous
parle incessamment dans le secret de notre
âme, pour nous encourager dans nos travaux,
pour nous presser d'être fidèles à son amour. Il

nous appelle à sa table sainte, pour nous nourrir de sa chair sacrée et pour nous enivrer de son sang précieux. Ah ! si comme Jérusalem ingrate, une religieuse venait à abuser de tant de grâces et de tant de moyens de sanctification, que pourrait-elle espérer sinon le sort de cette ville coupable ? Établissez donc, mes chères Filles, pour fondement de votre vertu, pour base de votre sanctification, la sainte crainte du Seigneur. gardez-vous de rompre jamais l'alliance que Dieu a faite avec vous ; ne vous écartez pas de sa loi sainte, accomplissez-en toutes les prescriptions ; marchez toujours avec une entière fidélité dans la terre des Saints, vous y trouverez la vie, et au moment de passer à l'éternité, vous n'aurez ni remords du passé, ni crainte de l'avenir. »

Dans son cœur si pur, la crainte de déplaire à Dieu était proportionnée à son ardent amour pour Lui ; elle obligeait ainsi l'Esprit Divin à être l'Hôte constant de son âme.

§ IX

La vie et les œuvres de notre Vénérée Mère Fondatrice Marie de Sainte Euphrasie Pelletier montrent que déjà, s'est terminée en elle la

transformation mystérieuse, l'Esprit-Saint lui
envoie le doux sommeil de la mort et elle ira se
réveiller dans l'éternité, où le Seigneur, couron-
nant en elle ses propres dons, lui dira : « Viens,
mon épouse ; parce que tu courus avec moi à la
recherche de la brebis perdue, viens partager
mon trône, viens et tu seras couronnée, viens
posséder le royaume qui t'a été préparé dès le
commencement du monde : parce que j'ai eu
faim, et que tu m'as donné à manger, j'ai eu
soif, et tu m'as donné à boire, j'étais pèlerin
sur la terre et tu m'as reçu dans ta maison ;
j'étais nu et tu m'as donné des vêtements ;
j'étais malade et tu m'as visité ; j'étais prisonnier, et tu m'as consolé. Tu es bienheureuse,
parce que tu as été véritablement pauvre
d'esprit ; — parce que tu as imité ma mansuétude ; — parce que tu as imploré avec larmes
pardon pour les âmes ; — parce que mon amour
seul put rassasier ta faim et étancher ta soif, —
parce qu'à mon exemple, tu ne connus que la
miséricorde, — parce que tu gardas ton cœur
pur et innocent ; — parce que tu semas la paix
sous tes pas ; — tu es bienheureuse, parce que
tu n'ambitionnas d'autre récompense que celle
de souffrir persécution pour ma gloire, et pour
me gagner des âmes. » — Et elle renvoyant tout
l'honneur à la Trinité très sainte, répètera devant son trône, avec un incommensurable bon-

heur et amour, dans les perpétuelles clartés des Cieux, le cantique d'adoration et de louange éternelle : « Gloire soit rendue au Père, au Fils et au Saint-Esprit, comme il était au commencement, maintenant et toujours pour tous les siècles des siècles. Amen. »

Tel fut l'esprit de cette épouse bien-aimée du Seigneur : esprit de foi, d'amour et de sacrifice ; esprit qui fut si agréable à Dieu qu'Il la combla d'honneur et de gloire, lui donnant comme à Abraham une innombrable génération de vierges, qui dilateront ses conquêtes sur la terre et qui réunies autour d'elle entonneront de mélodieux cantiques de reconnaissance envers le Seigneur, qui leur fit don d'une telle Mère.

EXTRAITS DE QUELQUES LETTRES

De notre Monastère d'Angers, 4 juillet 1835.

> Mon cœur ne peut plus contenir les grands sentiments dont il est plein : c'est au Roi que s'adressent mes cantiques.

« MA CHÈRE FILLE,

« Avec patience vous m'avez attendue, avec quelle joie je recours vers vous ! Que de choses grandes et merveilleuses se sont passées dans Sion ! Non, jamais nous n'eussions osé espérer telles faveurs ! Comment remercier le Dieu trois fois saint ! Comment assez bénir Marie notre Libératrice ! son Cœur a tout fait : miracles et prodiges ; sa douce voix a commandé un fleuve de grâce pour arroser Sion ! et son amour tendre a commandé à l'Ange consolateur de visiter Jérusalem ! Tous soupirs ont cessé, un seul cantique s'est fait entendre ! Vous le savez, le Saint-Père nous comble de biens par son envoyé, qui est admirable ; que n'a-t-il pas apporté ? — Approbation du Cardinal Protecteur... Reliques... Détails charmants, miraculeux de nos affaires à Rome. Lettres et promesses des Pères Jésuites de la Ville Sainte..., promesse de la belle fondation pour le mois d'octobre, bénédictions, soutien ! Et déjà que n'a pas fait en France cet Ange de lumière et de paix : parlé aux Seigneurs Archevêques de Paris et de Tours en notre

faveur, convaincu Monseigneur de Nancy, au point
de lui faire solliciter une fondation. Pour nous que
de grâces ! Ne les croyez pas sans croix, mes Filles,
oh ! non ; le démon s'est soulevé contre nous : un
homme... Dieu lui pardonne ! nous a calomniées
horriblement en présence de soixante ecclésiastiques,
mardi dernier ; lettres, injures, outrages, nous en
avons été abreuvées. Ah ! que le Seigneur en soit
béni ! Un autre glaive, plus déchirant encore, est
venu du Calvaire de Grenoble. Nous sommes dans la
douleur, prosternées entre le vestibule et l'autel...
Veuillez prier avec nous. Vous voyez, mes Sœurs,
que je ne mets pas de précipitation. Je n'espère
qu'en Jésus et Marie, leur offrant ces croix qui pré-
parent aux plus grandes grâces. Je suis accablée de
travaux, mais toujours avec la plus douce charité
dans l'amour des Saints Cœurs de Jésus et Marie.

« Votre attachée,

« Marie de SAINTE EUPHRASIE. »

D. S. B. !

------

10 Février 1835.

Oui, sans doute je parlerai à mon Seigneur, quoique
je ne sois que péché !!... j'épancherai mon âme en
sa présence, car il a brisé mes liens, nous chanterons
ses louanges ! Il faut que je vous parle, il est bien
temps que nos âmes s'entendent pour la gloire de
Dieu ! Je vous avoue, ma chère Fille, que votre dernière lettre m'a fait une bien vive impression ;
quoique indigne, j'avais vu en Dieu votre âme choisie

pour cette noble mission de Rome. Oh ! que vous êtes heureuse ! que je serai en paix vous y sachant choisie ! quelles grâces vous obtiendrez du Vicaire de Jésus-Christ en terre ! O cher Généralat ! Je vois bien des choses en Dieu : il y aura un noviciat à Rome, l'autre à Angers ; puis la Congrégation va se répandre dans tout l'étranger... O Seigneur ! rendez-nous dignes de vous !!...

« Revenons à Angers, cette maison centre de toutes grâces et de miracles ! Elle prend la plus grande étendue ; jamais nous n'avons vu fête semblable à celle du Cœur de Marie ; le sermon est digne d'être imprimé, tout entier sur le Généralat, par un Monsieur de l'Evêché. M. Régnier officiait ; il y avait vingt ecclésiastiques, un chant qui tenait plus du ciel que de la terre, deux cents communions. Ces Messieurs étaient émus jusqu'aux larmes, et nous aussi ! Octave solennel et nouvelles grâces... Je m'anéantis et m'abaisse. »

———

18 novembre 1833.

« Dieu seul et sa gloire ! oui ! ma Fille, fidèle compagne de mes douleurs et de mes joies, où êtes-vous ? Oh ! que je sens votre séparation ! mais, je vous offre à Dieu, cette pensée adoucit tout ! Courage, confiance en Jésus et Marie, communion, humilité, foi vive, vie intérieure. On voulait vous renvoyer à Angers : oh ! non, Filles du Calvaire,.. vous ne craignez pas la croix... que tout vous délaisse, Dieu vous restera... Votre lettre, ma Fille, a percé mon âme, mais votre courage sèche mes pleurs !! Oh ! restez, restez. Conservez précieusement le dépôt sacré que nous avons mis entre vos mains et perdons tout pour Dieu ! Soyez inébranlables, mes aimées Sœurs, nous vous embrassons dans les entrailles de Jésus-Christ. — Amen. »

---

8 juin 1834.

« Mon âme glorifie le Seigneur. Tout ce que votre précieuse lettre dit à mon âme, ici Dieu l'opère, que de miracles sur notre Calvaire !... le Soleil de justice s'éclipse par moment, mais c'est pour reparaître avec plus d'éclat !! O croix. notre force et notre appui, régnez !...

« Ma Fille, je vous l'avoue, je sais tous les mémoires dressés contre moi ; je suis en paix ;... ah ! j'aime bien mieux être l'accusée que l'accusatrice ! Oui, dans le dehors tout l'enfer se déchaîne, mais dans l'intérieur coule un fleuve de paix !! »

A SENS. — Le 26 mars.

« Malgré mon indignité, ma bassesse, le bon Dieu veut se servir de moi, le plus vil instrument, pour accomplir ses adorables desseins !! Toutes nous sommes saisies d'admiration et d'amour... La grande nouvelle est arrivée : *Rome !* Tout est consommé et je suis appelée un mois dans la Ville Sainte pour y traiter les affaires de notre Saint Ordre. L'excellente Mme d'Andigné nous y conduit, malgré son grand âge : oh ! quel acte héroïque de dévoûment ! quelle amie !· Nos consolations en Dieu sont immenses !... et d'autant plus solides qu'elles ont été précédées de fortes croix. Le divin Pasteur a séché nos larmes, qu'il en soit béni ! Nous partons le mardi de Pâques ;

nous nous embarquons à Marseille, nous serons un mois à Rome, je reviendrai par Paris où Mme d'Andigné a des affaires, et c'est pendant qu'elle y sera que j'irai vers cette chère tribu de Sens. Je ne puis vous dire tout cela sans verser des larmes... »

A POITIERS. — De notre Monastère d'Angers, le 9 avril (huit jours avant le grand voyage).

Nous n'avons rien à vous recommander que la mutuelle dilection des unes envers les autres, mes bien-aimées Filles, et la sainte paix de Notre Seigneur.

« Les beaux jours de l'Institut ! sacrée marque de l'amour des sacrés Cœurs de Jésus et de Marie!... On est anéantie, on n'en peut plus... Je vous avoue que nous ne pouvons plus que nous taire et adorer... Nous nous regardons, les larmes aux yeux, pénétrées de reconnaissance... Puis cette pensée de vénérer et de baiser les pieds du Chef suprême de l'Eglise, de vous y mettre toutes, mes Filles bien-aimées, et chacune des fondations me ravit. Enfin, ce qui me console admirablement, c'est de visiter les tombeaux des saints Apôtres, saint Pierre et saint Paul, ces pasteurs de tous les pasteurs. D'ailleurs, est-il encore une plus grande jouissance que celle de placer dans la capitale du monde chrétien les humbles Filles de Notre-Dame de Charité ! Tout est divin, tout doit nous anéantir ! J'ai tant de confusion de me voir, malgré mes péchés, dans une si sublime mission, que je suis sans parole... Nous partons toutes secrètement, mardi 17 courant, à quatre heures du matin, pour éviter les adieux, que nous n'aurions pas le courage de faire.. Nous laissons tout dans une paix profonde, mais bien sur la croix, deux pauvres victimes à la mort, nos aimées Sœurs Marie de Sainte Mélanie et Marie de Sainte Rosalie, qui ont reçu les derniers Sacrements hier! Je les pleure amèrement, ces deux chères enfants; mais soumises à la sainte volonté de Dieu, nous adorons ses desseins. Les travaux sont immenses, et plus encore les grâces; les sujets arrivent de toutes parts, la régularité est dans sa perfection, toutes les fondations vont bien; elles ont répondu dans votre style; toutes les lettres sont charmantes. Nos chères Romaines se tiennent dans une humilité profonde.

« Je bénis et chéris en Dieu chacune de nos aimées Sœurs, nous leur souhaitons toutes grâces et faveurs, nous leur adressons tous nos vœux. Adieu, troupeau chéri; adieu! Croyez que l'immense distance qui va nous séparer un mois, ne partagera pas mon cœur; il sera toujours à Dieu et à vous. Je vous en donne l'assurance et suis dans l'amour des Saints Cœurs de Jésus et de Marie, mes bien chères Filles,

« Votre attachée dans le Seigneur,

« Marie de SAINTE EUPHRASIE,

« Supérieure de Notre-Dame de Charité du Bon-Pasteur. »

A SENS. — *De notre Monastère d'Angers, le 11 avril 1838.*

> Nous n'avons rien à vous recommander que la mutuelle dilection des unes envers les autres, mes bien-aimées Sœurs, avec la sainte paix de Notre Seigneur.

« Pourrions-nous partir sans vous écrire? oh! non, vous ma compagne de croix et de travaux! Prosternée aux pieds du Chef suprême de l'Eglise, nous ferons connaître par la voix de notre saint Protecteur, vos combats et vos victoires ! Oh ! oui, je veux soulager mon âme en montrant combien mes Filles sont fidèles et quelles croix elles ont souffertes ! Quelle consolation de voir notre Libérateur, de lui baiser les pieds, de lui présenter toutes nos fondations chéries, puis de vous apporter de petits présents ; enfin de placer les Filles de Notre-Dame de Charité dans la capitale du monde chrétien !! N'est-ce pas vous mettre dans le cœur même de l'Eglise, mes bien-aimées Sœurs ? N'est-ce pas le triomphe de notre saint Institut, son printemps, sa gloire ? Courage à vous, mes Filles, qui habitez la tribu de Marie ; nous mettrons cette fondation de Sens dans les lieux de pèlerinages où nous irons. Je crois toujours que vous aurez bien des pénitentes, mais Dieu veut éprouver, et je sens que c'est votre plus grande croix que ce petit nombre de brebis, vous dont le zèle est grand comme *Rome*.

« Adieu, ma Fille, et chacune du cher troupeau. Que le Seigneur vous bénisse ; je le fais de tout mon cœur.

« Votre attachée jusqu'au dernier soupir.

« Marie de SAINTE EUPHRASIE,
« Supérieure de Notre-Dame de Charité du Bon-Pasteur. »

D. S. B. !

Lettres de Notre Digne Mère Générale
à la Maison-Mère.

Rome, *6 juin 1838.*

« Mes bien chères Filles,

« C'est le 1er juin que nous avons quitté la France. Nous avions à bord de notre bâtiment des Grecs, des Turcs, des Egyptiens, qui eurent pour nous beaucoup de politesse. Le premier jour seulement nous avons souffert du mal de mer. Le temps était très beau et la mer très calme. Le 3, jour de la Pentecôte, nous avons eu la messe à *Livourne*, où nous débarquâmes la veille au soir. On nous a conduites à un monastère nouvellement établi; ces Dames n'ont pas encore l'habit religieux, c'est un ordre nouveau. Nous y avons été parfaitement reçues. Le lendemain nous sommes arrivées de bonne heure à Civita-Vecchia, où après beaucoup de peine, nous avons trouvé des voitures pour *Rome;* nous y sommes arrivées fort tard.

« Hier, nous avons vu notre saint Cardinal Protecteur. Nos Sœurs vous tiendront, mes bien chères Filles, au courant de toutes nos aventures; je n'ai point le temps de vous les écrire, mais il me tardait de vous dire combien je vous aime et vous chéris dans les Saints Cœurs où je suis, etc. »

Rome, 9 juin 1838.

Le bras du Seigneur nous a soutenues.

« Que n'êtes-vous toutes ici, nos bien-aimées Sœurs ! Les grâces que le Seigneur nous accorde sont inouïes. La Très Sainte Vierge nous a conduites dans ce lieu sanctifié par le sang de tant de martyrs pour que nous y soyons aussi martyrs par les grands travaux attachés à notre quatrième vœu. Notre saint Protecteur vint hier, et j'eus avec Son Éminence un entretien d'au moins une heure. J'y ai reçu tant de grâces et de lumières que je regarde ce jour comme un des plus précieux de ma pauvre vie.

« Quand vous m'avez choisi pour votre Protecteur, m'a-t-il dit, vous ne saviez pas que j'étais grand Juge des pénitentes. Il est défendu ici à une jeune fille, et plus encore à une femme mariée, de fréquenter des maisons suspectes ; si elles y sont vues, un père, un mari a le droit de me les amener, et je les condamne pour un temps de détention plus ou moins long. Vous concevez quelle peine j'éprouvais en les envoyant dans des maisons presque moins sûres que celles qu'elles quittaient ! Maintenant que je vais avoir mes Filles du Bon-Pasteur, je n'aurai plus ces inquiétudes ; c'est pour mon âme un extrême soulagement. Oh ! oui, je sens, par l'affection que je vous porte, que je suis votre père, et il est bien temps que je remplisse près de vous les obligations de protecteur si intimement liées à celles de Père. Je veux que vous ne dépendiez que de moi : nous allons prendre des mesures pour renvoyer l'administration des curés ; je vais vous faire remettre les clefs, afin que vous soyez libres dans vos fonctions et dans l'exercice du grand bien que vous avez à faire ici. Je vous soutiendrai en tout. »

« Les pénitentes sont si nombreuses, qu'une seule maison ne suffira pas ; plus tard nous verrons pour d'autres : établissons d'abord bien celle-ci. Etc. »

AU PUY. — De notre Monastère de Rome, le 26 juin 1836.

Je te serai favorable à Rome.

« Je commence ma lettre par ces paroles de Notre Seigneur à saint Ignace. Ah ! mes chères Filles, malgré notre indignité, nous éprouvons que notre adorable Maître nous est favorable à Rome. Jamais tant de grâces... tant de faveurs... tant de lumières... tant d'œuvres saintes ! J'en ai marqué une partie à votre saint Evêque, et j'espère plus tard vous dire le reste. Si vous voyiez les missions que notre saint Cardinal daigne offrir à notre saint Institut ! Ah ! mes Filles, si vous aviez vu ce que j'ai vu à Rome ! 220 pauvres pénitentes dans une seule maison, nous tendre les bras !... Mais, hélas ! il faudrait tout de suite quinze professes. Jugez de ce que nos âmes endurent ! ! Notre saint Institut est désiré et vénéré dans toute l'Italie ; notre illustre et incomparable Protecteur en est le Père, la lumière, l'appui. Il nous donne deux audiences par semaine : une pour les affaires de France, l'autre pour celles de l'Italie. Il forme les plus grands projets sur notre Congrégation. Que Dieu est admirable dans ses œuvres ! Je ne vous dis pas la dixième partie de ce qui se passe à Rome, parce que je n'ai pas un instant : chaque jour nouvelle affaire. Je ne sais que devenir tant nous avons d'ouvrage ! Enfin, Dieu est là. Dites à vos chères enfants que leur bonne conduite console mon âme, que Notre-Seigneur les bénira, qu'elles prient pour leurs sœurs d'Italie.

« Vous n'avez donc pas encore commencé votre bâtisse, mes chères Filles ? Peut-être votre saint Evêque est-il trop occupé dans ses courses ; mais il reviendra. Que j'ai joui de le voir si goûté à Rome ! notre saint Protecteur l'aime de tout son cœur. Nous en parlons souvent en France, mais autant ici où il nous a fait tant de bien.

« Adieu, mes chères Filles, écrivez à nos Sœurs Romaines, elles vous sont si dévouées et vous aiment tant !

« Croyez à la vive affection avec laquelle je suis dans l'amour des Saints Cœurs de Jésus et Marie,

« Votre bien dévouée,

« MARIE DE SAINTE EUPHRASIE,

« Supérieure de Notre-Dame de Charité du Bon-Pasteur. »

D. S. B. !

A POITIERS. — *De notre Monastère de Rome, le 29 juin 1838.*

Seigneur, vous m'avez fait boire à longs traits
à la coupe de vos consolations.
(DAVID.)

« Depuis plusieurs jours je pense incessamment à vous, et la nuit j'y songe encore. Deux fois je me suis réveillée en vous entendant me dire : « Toujours vous aider, ma Mère ; toujours ! » Voyant les mer-

veilles et les protections de l'Eglise, je me dis : « Oh !
que ma Fille aimée jouirait ! » Je n'ai point de langage pour vous raconter ce qui se passe ici, point de
sentiment pour vous rendre ce que nous éprouvons !
Que Dieu est magnifique et bon, mes chères Filles !
Nous voici dans la ville sainte, la plus belle de
l'univers chrétien, la plus riche en reliques, en monuments saints, en souvenirs. Oui, ma Fille, nous
avons vu l'*église de Saint-Pierre*, ce prodige que j'ai
pris pour le ciel, où cent magnifiques lampes brûlent
nuit et jour près du tombeau du Chef sacré de l'E-
glise, où chaque statue est de 110,000 francs, et le
nombre en est infini ! Nous l'avons vue la merveil-
leuse procession du Très Saint-Sacrement, où le
Souverain Pontife, élevé sur des brancards, porte
son Dieu ! Il tient l'ostensoir, les yeux baignés de
larmes, le corps courbé, précédé de deux mille religieux, prêtres, cardinaux, etc. Son Eminence, notre
incomparable Protecteur, a voulu que nous vissions
tout avant de nous cloîtrer. Nous l'avons montée à
genoux l'*Echelle sacrée* où notre adorable Maître est
descendu de chez Pilate... Nous avons baisé la *Table
sainte* où Il institua le Très Saint-Sacrement... et le
Bord du puits où Il convertit la *Samaritaine* ; tous ces
objets précieux sont à *Rome*... Nous sommes des-
cendus dans l'obscur *cachot de saint Pierre et de
saint Paul,* avons bu de l'eau de la fontaine mira-
culeuse, avons visité la *chambre de saint Ignace*, vu
son corps enveloppé d'or et de pierreries, et celui
du cher *saint Stanislas* ; là, j'ai dit tout haut : Ah !
prions pour notre aimée Supérieure de Poitiers ! Le
corps de ce saint est dans un tombeau en rubis et en
diamants : il coûte un million. Enfin, mes chères
enfants, malgré mes innombrables péchés, vous avez
tant prié que nous avons vu ici notre saint Ordre

triompher, s'enraciner dans le sein adorable de Notre-Seigneur et de l'Eglise. Nous avons été admises à l'audience du Souverain Pontife, vendredi 15. Avec quelle admirable bonté Il nous a reçues ! O mon Dieu ! je ne l'oublierai jamais ! !... Ce Chef sacré, Père des fidèles, s'est attendri à la vue de notre grande timidité ; le croiriez-vous ? Il a fait plusieurs pas vers nous, et nous a dit : « *C'est donc enfin maintenant que je pourrai soutenir votre Institut.* » Il nous a parlé longtemps avec grand zèle, force et affection. Notre saint Protecteur était admirable ; Il parlait pour nous et nous gardait autour de lui comme un tendre Père. Sa Sainteté daigna nous faire asseoir, nous fit des questions avec le plus haut intérêt. C'est là, ma Fille, où notre reconnaissance a pu s'épancher. Avec quelle consolation j'ai parlé de Monseigneur l'Evêque de Poitiers, de ses bienfaits ! Le Saint-Père a joui, nommait les Evêques Protecteurs et les faisait remarquer à plusieurs des Cardinaux. Ce qui nous comble de confusion, et qui va vous ravir, c'est que notre Saint-Père veut venir nous visiter ?... O mon Dieu, qu'est-ce que l'homme pour que vous daigniez le visiter ?

« Notre cher Monastère de Rome est bien conventuel : une église, un chœur, des stalles, des cloîtres, trente cellules, un jardin, un magnifique lavoir, de l'eau en abondance, mais la nourriture est fort mauvaise ; nos Sœurs auront à souffrir. C'est peu de chose cependant. Pour le spirituel, il y a parfois surabondance ; mais ce qui me consolerait à Rome de tous mes travaux, c'est notre saint Protecteur. Je dis : *saint ;* oui, ma Fille, cette vérité est connue de tout Rome. Je lui ai parlé plusieurs fois, et je puis dire que pour la première fois j'ai pu me diriger pour les œuvres saintes de notre vocation. Je vous en parlerai plus en grand. A mes yeux, c'est un Père unique que jamais je ne retrouverai.

« Adieu, ma Fille, adieu, je désire bien vous voir. J'aime toujours nos Sœurs de Poitiers ; redites-le leur. Je garde mille choses que je voudrais vous dire, mais j'ai si peu de temps, ! Je suis dans les Cœurs sacrés de Jésus et de Marie, ma bien-aimée Fille,

« Votre attachée et dévouée,

« Sœur MARIE DE SAINTE EUPHRASIE,

« Supérieure de Notre-Dame de Charité du Bon-Pasteur. »

TABLE DES MATIÈRES

Angers, imprimerie Lachèse et Dolbeau, chaussée Saint-Pierre, 4.

9 782019 994075